Willi Lambert

Wovon die Liebe lebt

Eucharistie und Lebenskultur

echter

Vorwort - Ideen

- Eucharistie - Danksagung S. 22 ff
- Schweigen S. 40 unten da sein
- Miteinander reden S. 42 unten
  + Geschichte S. 44

S. 52 Geschichte zum Festhalten

S. 56 „Wandlung"

S. 58 Hoffnung in der Trauer (Gedicht)

Bibliografische Information der Deutschen Bibliothek
Die Deutsche Bibliothek verzeichnet diese Publikation in der Deutschen Nationalbibliografie; detaillierte bibliografische Daten sind im Internet über <http://dnb.ddb.de> abrufbar.

www.echter-verlag.de
Umschlag: Roberto Meraner
Druck und Bindung: Clausen & Bosse GmbH, Leck
ISBN 3-429-02680-6

Inhalt

Vorwort

Geschichte einer Hochzeitspredigt

Was soll ich »den Leuten« und dem Brautpaar bloß sagen, damit die Hochzeitspredigt über den Festtag hinaus eine Hilfe ist? – Dies war meine Frage bei der Vorbereitung meiner ersten Hochzeitspredigt. Die Antwort fand ich in einem doppelten Gedanken: Die Eucharistie, die Messe als Feier der Eucharistie, fasst in sich das Wesentliche des christlichen Glaubens zusammen. Sie tut dies nicht in Form einer Belehrung, sondern auf die Weise einer Feier, eines Ritus, eines Sakraments. Und der zweite Gedanke: Der Glaube, der sich in der Eucharistie ausdrückt, ist nicht irgendein Glaube, sondern ein Glaube an die Liebe, ein Glaube, der auf die Liebe hofft. Kann ich also etwas Besseres sagen als: Schaut auf die Eucharistie, feiert sie mit und lasst Euch von ihr sagen, was für »die Liebe« wichtig ist?! Die Eucharistie sagt uns, wovon die Liebe lebt.

Ein wenig herausfordernd habe ich dann in der Predigt formuliert: Bevor Ihr zur Eheberatung geht, wenn Ihr in Eurer Beziehung in eine Krise geratet, feiert doch die sonntägliche Eucharistie und lasst Euch von ihr sagen, was für das Wachsen in einer Beziehung wichtig, ja lebenswichtig ist.

Seither halte ich immer die gleiche Hochzeitspredigt. Was mich dabei freut, ist, dass sich immer wieder auch Menschen angesprochen fühlen, die außer bei Hochzeiten und Beerdigungen nie oder nur selten eine Kirche von innen sehen. Dabei erspare ich ihnen nicht die Hinweise auf die für sie oft fremde Liturgie und ihre Sprache: Was ist die ursprüngliche

Botschaft der Eucharistie? Und in welchem Sinn ist sie Hilfe für das Leben in einer ehelichen Partnerschaft bzw. überhaupt in einer ernst gemeinten, tieferen Beziehung?
Im Lauf der Jahre haben sich um die Hochzeitspredigt immer mehr Erfahrungen und Gedanken angelagert und sind so zu einem Buch vom christlichen Leben und Lieben, von seinen Krisen und von seinem Wachsen geworden.

Liebesbriefe

Eine ungeplante Bereicherung und ein Impuls für das Buch wurden für mich die Liebesbriefe meines Vaters an meine Mutter, die ich zu lesen begonnen habe. Sie sind vor dem und während des Zweiten Weltkriegs geschrieben worden. Meine Eltern hatten im Jahr 1942 eine »Kriegsehe« geschlossen – äußerlich beendet durch den Tod meines Vaters im Jahr 1944, ein halbes Jahr nach meiner Geburt. Es ist seltsam, bewegend und im wahrsten Sinn des Wortes wundersam, Worte zu lesen, in denen man selber vorkommt, noch bevor man überhaupt gezeugt wurde, und dann begleitend zur Zeit des Wachsens im Schoß der Mutter. Und die Sehnsucht des Vaters zu verspüren, endlich ein Bild vom eigenen Kind sehen zu können. Und schließlich teilzuhaben an den Träumen, wie die Eltern sich das Zusammenleben vorstellten, das Aufwachsen und die Erziehung des Kindes. Ja, und irgendwann die Nachricht: »Als Kompaniechef Ihres Mannes fällt mir heute die schwere Aufgabe zu, Ihnen die traurigste Nachricht zukommen zu lassen, dass Ihr Ehemann den Heldentod für Führer und Vaterland an der Ostfront gefunden hat ...«.

Die Träume sind nicht wahr geworden. Jedenfalls nicht in der Weise, wie sie geträumt worden waren. Aber solchen Träumen auf der Spur zu bleiben, von ihnen zu sprechen, das lohnt sich wohl. Die Liebe ist erfinderisch. Ihre größte »Erfindung« ist in das biblische Wort gefasst: »Liebe ist stärker als der Tod!« Und: »Die Liebe hört niemals auf.«

Ignatianisch: Worin die Liebe besteht

Einen letzten Impuls für dieses Buch möchte ich noch nennen. Er hat mit der Veröffentlichung in der Reihe »Ignatianische Impulse« zu tun. Im Lauf der Jahrzehnte im Orden der Gesellschaft Jesu habe ich immer mehr entdeckt: Die Mitte der ignatianischen Spiritualität ist die Liebe. In der »Betrachtung zur Erlangung der Liebe« in seinem berühmten Exerzitienbuch erreicht Ignatius den gültigsten Ausdruck für seine Erfahrung und Erkenntnis von Liebe: »El amor consiste en comunicación de las dos partes« – »Die Liebe besteht im Mitteilen von beiden Seiten« (Exerzitienbuch Nr. 231; im Folgenden abgekürzt EB). Wer dieses Wort in seiner Höhe, Breite, Tiefe ausschöpft, wird immer mehr erfassen, wovon die Liebe lebt. Und er wird sie in Verbindung bringen können mit der Eucharistie, die für Ignatius »das größte Zeichen Seiner Liebe« ist (EB 289).

Papst Johannes Paul II. schreibt in seiner Einladung zum Eucharistischen Jahr 2004/05: »Die Kultur der Eucharistie fördert eine Kultur des Dialogs, die in ihr Kraft und Nahrung fördert« (Nr. 26) – es wäre eine Freude für den Autor, wenn das vorliegende kleine Buch als Beitrag zum Thema »Eucharistie und christliche Lebenskultur« verstanden und aufgenommen werden würde – sei es als »Lesebuch«, als Hilfe für Exerzitien im Alltag oder als Kurs für christliches Glaubens-Leben.

Willi Lambert SJ

1. Die Liebe lebt von der Achtung des Geheimnisses

»Geheimnis des Glaubens«

Die Eucharistie versteht sich als die Feier eines Geheimnisses. In der griechischen Sprache wird die Eucharistie »mysterion«, lateinisch »mysterium« genannt: Geheimnis. Auf einem der Höhepunkte der Feier, nach der Wandlung, ruft der Priester dem Volk zu: »Geheimnis des Glaubens!«, und die Gläubigen antworten: »Deinen Tod, o Herr, verkünden wir, und deine Auferstehung preisen wir, bis du kommst in Herrlichkeit.« Diese Worte klingen nicht nach einer Diskussion auf einer Hauptversammlung von Aktionären, wo nach möglichst viel Durchsichtigkeit, Transparenz und nachvollziehbaren Statistiken und Belegen gerufen wird. Gefragt wird dort nicht nach Glaubensgeheimnissen, sondern nach rational verantworteten Argumenten, nach Zahlen und nicht nach Zahlenmystik. Eucharistie dagegen repräsentiert das Geheimnis des Glaubens und Liebens. Seinen deutlichsten Ausdruck findet der Geheimnischarakter der Eucharistie in dem Glauben, dass Brot und Wein – »Früchte der Erde und menschlichen Arbeit«, wie es bei der Bereitung der Gaben heißt – Zeichen, d.h. Sakrament der Gegenwärtigkeit Gottes und seiner Liebe sind. Eucharistie feiert das Geheimnis: »Wo zwei oder drei in meinem Namen versammelt sind, da bin ich mitten unter ihnen« (Mt 18,20).

Die Eucharistie ist die Feier eines Geheimnisses und sagt darum: Die Liebe lebt von der Achtung des Geheimnisses. Sie sagt: Beziehung lebt nicht davon, dass zwei sich endgültig enträtselt haben. Dann wäre eine Beziehung schon am Anfang am Ende. Eucharistie sagt: Lieben heißt, sich miteinander auf den geheimnisvollen, abenteuerlichen Weg des Liebens zu wagen und zu begeben.

Jeder Mensch ist Geheimnis

Es ist ein Männerwitz, der aber auf seine Weise etwas davon signalisiert, dass der Mensch sich selber »das unbekannte Wesen« ist: Ein Mann, müde, verschlafen und mit verknittertem Gesicht, schaut in den Spiegel, reißt die Augen auf, so weit es um diese frühe Zeit geht, schüttelt den Kopf und sagt: »Ich kenne dich zwar nicht, aber ich rasiere dich trotzdem.« Es gibt andere Arten von Überraschungen: Es rastet jemand plötzlich aus – »So kennen wir dich gar nicht«, reagiert darauf seine Umgebung. Eine Notsituation macht einen sonst eher schüchternen Mann zum Lebensretter, der jemanden im letzten Moment aus einem brennenden Haus herausholt. – Wer ist der Mensch? Was steckt in ihm? Wer bin ich? Wer in den Augen der anderen? Wer in meinen eigenen?

In einem Text des evangelischen Theologen Dietrich Bonhoeffer, der während des Dritten Reiches im Konzentrationslager Buchenwald hingerichtet wurde, kommt die Erfahrung eines Menschen zum Ausdruck, der sich selber fragt, wer er denn wirklich sei. Manchmal scheinen andere zu wissen, wer er ist, aber er fragt sich selber, ob er derjenige auch wirklich sei. Er beendet seinen Text schließlich mit den Worten: »Wer bin ich? Einsames Fragen treibt mit mir Spott. Wer ich auch bin, Du kennst mich, Dein bin ich, o Gott.« Karl Rahner drückt die Geheimnishaftigkeit des Menschseins in einem Gästebuch einmal mit den Worten aus: »Wenn der Mensch – jeder – nur von Gott her wirklich begriffen werden kann, Gott aber unbegreiflich ist, dann ist auch der Mensch ein unsagbares Geheimnis, das sich schweigend in liebender Hoffnung Gott anvertrauen soll. Jetzt und in der Stunde des Todes.«

An den Menschen glauben

Einer der großen Sucher nach dem Geheimnis seiner selbst und nach dem Geheimnis Gottes ist der heilige Augustinus. Er bringt einmal seine Erfahrung mit den Worten auf den Punkt: »Ich bin mir selber zur Frage geworden.« Diese Erfahrung bringt ihn auch dazu zu sagen: »Wir glauben nicht nur an Gott, sondern auch an den Menschen, denn wir wissen nicht, wer er ist.« Natürlich wissen wir vieles von einem Menschen, den wir kennen und je mehr wir ihn kennen. Aber wissen wir wirklich, wer er ist? Ist es nicht so, dass sich mit jedem tieferen Kennenlernen noch tiefer gelegene Schichten zeigen und locken? Und umgekehrt: Versperren wir uns nicht den Zugang zum anderen – und auch zu uns selbst –, wenn wir meinen, mit unserem Wissen und unseren Erkenntnissen würden wir den anderen durchschauen?

Ein sprechender Ausdruck davon, dass auch Jesus, wie jeder Mensch, Geheimnis ist, lässt sich darin sehen, dass sich im Neuen Testament über 120 Namen, Bilder, Worte, Bezeichnungen, Titel finden, die etwas von ihm ausdrücken: Christus, Weg, Wahrheit, Leben, Licht, Ja und Amen, Anfang und Ende, Bruder, Erstgeborener von den Toten, Bräutigam ... Und von Bibelkennern wird oft vom so genannten Messias-Geheimnis Jesu gesprochen, also von der erstaunlichen Tatsache, dass Jesus nicht will, dass man überall von seinem Tun, von seinen Wundern herumerzählt. Er hatte die berechtigte Sorge, dass sich daraus Vorstellungen, Bilder von ihm ableiteten, die nicht seinem wahren Wesen entsprachen. Er wollte nicht als »Brot-Messias« gelten, er wollte nicht der politische Heilsbringer sein, durch dessen Popularität ein Aufstand hätte angezettelt werden können. Einmal fragt er: »Was sagen die Leute, wer ich sei? Und was sagt ihr? Wer bin ich für euch?« – Auch die zutreffendste Antwort wird nie das Geheimnis Jesu und das des anderen Menschen ausschöpfen.

Und doch kann es wunderbar sein, wenn liebende Menschen sich Namen geben. Beim Lesen der Liebesbriefe meines Vaters gehört für mich zum Berührendsten, lesen zu dürfen, wie er seine Frau, meine Mutter mit Kosenamen bedacht hat und welcher ihm – und wohl auch ihr – der liebste war. Ich spüre die Kostbarkeit dieses Liebes-Namens darin, dass sich in mir etwas sperrt, diesen Namen zu »veröffentlichen«. Nicht weil er so außergewöhnlich oder ungehörig wäre, sondern nur, weil er etwas vom Geheimnis einer Beziehung sagt. – Das Geheimnis der Liebe schafft sich auch eine eigene Sprache, eigene Gesten, Gebräuche und Riten.

Teilen – Verstehen – Achten

Wie sehr es auf die Achtung des anderen ankommt, bringt der Religionsphilosoph und Theologe Romano Guardini in einem längeren Artikel über das Wesen der Gemeinschaft zum Ausdruck. Er zieht darin eine gewisse Bilanz einer jahrzehntelangen Erfahrung von

Gemeinschaft mit der katholischen Jugendbewegung, mit verschiedenen Gruppen und Beziehungsphasen. Er schildert die Entwicklung des Bewusstseins von Gemeinschaft in drei Etappen. Am Anfang sei das Bewusstsein gestanden: Gemeinschaft heißt, alles miteinander zu teilen: die gleichen Ansichten, die gleichen Werte teilen, ja zuweilen in der gleichen »Kluft« auftreten. Die Erfahrung zeigte, dass diese Gleichheit nicht schon immer Gemeinschaft bedeutete und dass damit Gemeinschaft sehr begrenzt wird.

Eine weitere Stufe des Sinnes von Gemeinschaft sei gewesen: Gemeinschaft heißt, einander zu verstehen. Dies führt schon eine Stufe weiter und erweitert den Kreis von möglicher Gemeinschaft. Man kann erfahren, dass man nicht die gleiche politische Auffassung teilt, nicht die gleiche Partei wählt, und doch den anderen zumindest ein ganzes Stück weit in seiner Sicht und seinen Argumenten und Zielsetzungen verstehen und gute Gemeinschaft mit ihm haben kann. Freundschaften zwischen Politikern verschiedener Parteien mögen selten sein, sind aber doch gelegentlich möglich. Und es kann in der Kirche über alle Unterschiedlichkeiten und Kennzeichnungen von konservativ und progressiv hinweg gegenseitiges Verstehen und Hochschätzung geben.

Guardini schreibt, dass man aber auch mit dem Verstehen an eine Grenze kommen könne. Hier, auf einer dritten Ebene von Gemeinschaft, bleibe dann nichts mehr als eine Achtung, ein Respekt vor der Person, vor dem Geheimnis des anderen Menschen. Dies kann einen resignierenden Unterton haben: »Es bleibt nichts anderes übrig als ...«. Es kann aber auch Ausdruck des Fundaments jeder Begegnung sein: Die Bereitschaft, die Würde des anderen Menschen zu achten, gleich welcher Rasse, Nation, Religionszugehörigkeit usw. Und dies auch, ja gerade dann noch, wenn man dem anderen nicht mehr folgen kann, wenn man ihn »beim besten Willen« nicht mehr verstehen kann. Dies gilt im kleinen persönlichen Bereich wie auf der großen politischen Ebene.

Urteilen, als urteilte man nicht

Die Liebe lebt davon und der Mensch lebt davon, dass wir sein Geheimnis achten. Es gibt verschiedene Weisen, wie dies geschehen kann: Ich erinnere mich an eine junge Frau, die lange Jahre in der Drogenszene gelebt hatte bis in ihre hässlichsten und brutalsten Auswirkungen hinein. Als sie wieder aus dem Milieu herausfand, unterzog sie sich auch einer Psychotherapie und hatte zugleich auch gelegentlich Gespräche mit mir. Ich fragte sie eines Tages: »Hast du deinem Therapeuten das auch alles erzählt?!« »Nein«, das habe sie nicht getan. Auf mein Fragen hin, warum denn nicht, antwortete sie: Bei dem Therapeuten habe sie die Angst, dass er sie bei ihren Äußerungen und Traumerzählungen und Wirklichkeitsberichten gleich durchschaue und analysiere. Bei mir als Priester habe sie diese Angst nicht, und darum könne sie mir alles erzählen. Unabhängig davon, ob der Therapeut tatsächlich etwas Analysierendes an sich hatte oder die junge Frau nur Angst davor hatte, in jedem Fall gilt: »Offenbarung« geschieht, wenn das Geheimnis und die Freiheit des anderen geachtet wird. Und es gilt auch, worauf diese Frau vertrauen konnte: Der Mensch, der mir da gegenübersitzt, dieser Priester wird mich nicht verurteilen. Wenn ich mit dem Elend meines Lebens mich zeige und Sehnsucht danach ha-

be, wieder wirklich zum Leben kommen zu können, dann darf er mich gar nicht verurteilen – jedenfalls nicht, wenn er seine priesterliche Aufgabe im Sinne Jesu und seines Evangeliums versteht.
Natürlich dürfen und müssen wir uns Urteile bilden, etwa wenn jemand in einen Betrieb eingestellt oder für eine bestimmte Aufgabe vorgesehen oder in eine Ordensgemeinschaft aufgenommen wird. Es gilt also, die Spannung zwischen urteilen müssen und nicht urteilen sollen recht zu verstehen und auszuhalten. Die Lösung liegt darin, *wie* man urteilt. Hierfür bietet sich eine Formulierung an, die sich bei Paulus findet. Er schreibt einmal: Man solle »haben, als habe man nicht«, d.h. er wünscht den Menschen eine freie Beziehung zu ihrem Besitz, so dass sie ihn besitzen und nicht von ihm besessen sind. In diesem Sinne könnte man auch formulieren: urteilen, als urteilte man nicht. Es gilt, sich klar darüber zu sein: Wir sind nicht die letzte Instanz, sozusagen das Bundesverfassungsgericht über das Leben eines anderen bzw. das eigene, sondern immer nur »Lokalgericht«, dessen Urteile immer durch eine höhere Instanz, durch neue Erfahrungen usw. kassiert werden können.
Wenn im Alten Testament galt, man solle sich von Gott kein Bild machen, so meint der Schriftsteller Max Frisch, man solle dieses Bilderverbot auch auf den Menschen hin anwenden. Du sollst dir kein fixes Bild vom anderen machen!

Einübungen in die Achtung vor dem Geheimnis

Wer dem Geheimnis des Geheimnisses ein wenig auf die Spur gekommen ist, wird diese Haltung vielleicht auch einüben wollen. Wie alles Üben geht dies in kleinen Schritten und bietet viele verschiedene Möglichkeiten an. Sie wollen eine Hilfe sein, das Versprechen aus der Hochzeitsmesse, die Beziehung »in Liebe, Achtung und Ehrfurcht« zu leben, im Alltag wahr zu machen.

- *Versuche öfters »person-orientiert« zu hören und nicht nur sach-orientiert*
  Wenn wir sprechen, wenn wir zuhören, dann steht oft die Sache im Mittelpunkt: Was ist geschehen und wie und warum? Das ist normal, ist sachlich und menschlich zugleich, denn das Gegenüber will ja zumeist, dass die objektive Botschaft verstanden wird. Solches Reden und Hören kann sich aber auch auf die Dauer verselbständigen und fixieren. Und so kann es, vor allem, wenn das Gespräch sowieso auf einer etwas persönlicheren Ebene ist, hilfreich sein, sich zwischendurch immer wieder bewusst zu machen: »Halt, dieser Mensch, mit diesem Namen, sagt mir jetzt dieses. Ihn hat dies so und so betroffen. Weckt dies ein Echo in mir? Was für ein Abenteuer und Geheimnis, dass wir zwei Menschen uns darüber unterhalten!« Solches personorientierte Hören kann Beziehung schaffen und vertiefen.
- *Zum Erzählen einladen*
  Es gibt manche Feiern, die über ein paar stereotype Glückwünsche, einige allgemeine Worte und Daten aus dem Leben eines Menschen und Partygerede nicht hinausreichen. Das mag nicht schlimm sein. Aber es gibt Tage, an denen es sinnvoll sein kann, sich von einem Menschen etwas mehr aus seinem Leben erzählen zu lassen: An einem Geburtstag, Hochzeitstag oder wann immer sich ein Anlass zum Feiern ergeben hat. Für Kinder, Jugendliche kann es

ein wunderbares Erlebnis sein, wenn die Eltern mal im Blick auf alte Fotos etwas aus ihrem Vorleben erzählen, als noch nicht die Kinder da waren. Sicher schätzen es Kinder nicht, wenn der Papa zum zwanzigstenmal in Russland einmarschiert, aber wo jemand wirklich etwas von seinem Leben mitteilt, da lohnt sich die Aufmerksamkeit. Nicht wenige inzwischen alt gewordene Kriegsteilnehmer, die teilweise von heftigen Alpträumen gequält werden, sagen, dass sie nie von ihren wirklichen Ängsten und Schwächen in furchtbaren Zeiten und Momenten ihres Lebens erzählen konnten. Hier kann die zuhörende Achtung vor dem Lebensgeheimnis eines Menschen auch heilend wirken.

- *Erwecke das Bewusstsein, »Freier, Erbe, Sohn, Tochter Gottes« zu sein*

Verkündigung des Evangeliums hat mit Bewusstseinserweiterung zu tun. Wir sind Freigelassene, Erben. Wir sind Söhne und Töchter und damit Geschwister untereinander. Dies war das Bewusstsein der ersten Christen. Dieses Bewusstsein wollte Jesus den Menschen bringen. Auf die Dauer wird ein Selbstbewusstsein und das Bild des anderen Menschen und damit die Beziehung zu ihm wirksam geändert, wenn wir das biblische Bild vom Menschen in uns wachrufen. Es gilt nicht nur homo homini lupus, der Mensch ist dem Menschen ein Wolf, sondern grundlegender: Wir sind zur freien, liebenden Begegnung »von Angesicht zu Angesicht« geschaffen. So beschreibt Paulus den Himmel: »Jetzt schauen wir in einen Spiegel und sehen nur rätselhafte Umrisse, dann aber schauen wir von Angesicht zu Angesicht. Jetzt erkenne ich unvollkommen, dann aber werde ich durch und durch erkennen, so wie auch ich durch und durch erkannt worden bin« (1 Kor 13,12–15).

- »*Warum willst du die anderen ändern, sie sind doch schon anders!*«

  Sicher, ein Wortspiel, aber ein gelungenes und aussagekräftiges. Es will wohl sagen: Nimm doch einmal die anderen zunächst, wie sie sind. Nimm sie wahr; nimm sie an. Kritisiere und nörgle nicht dauernd an allem herum. Baron von Guttenberg schreibt in seinen Memoiren von einer Begegnung mit dem damaligen Bundeskanzler Adenauer. Er fragte ihn, wie er denn damit leben könne, dass ihn immer wieder Leute – gelegentlich auch aus den eigenen Reihen – kritisierten. Adenauer sagte zu Baron von Guttenberg: »Darf ich Ihnen einen Rat geben?« – »Oh, sehr gerne!« – »Herr Baron, nehmen sie die Menschen, wie sie sind, es gibt keine anderen!« Man kann dies Realismus nennen. Es kann mit einem zynischen Unterton gesagt werden. Es kann aber auch Sprache der Menschenliebe sein. Es kann jene Annahme des anderen sein, die Voraussetzung für wirkliche Änderung und Wachstum ist. Außerdem: Wenn Änderung geschehen soll, dann am wirksamsten doch bei sich selber. Dann verändert sich meine Beziehung zur Umgebung und manchmal diese sich selber.

- *Engagiere dich in einer Menschenrechtsorganisation*

  Es gibt nicht nur brutale Unterdrückung und Missachtung, sondern auch Gruppierungen von Menschen, die sich für die Achtung der Menschenwürde und Menschenrechte einsetzen. Die bekannteste ist wohl amnesty international. Es gibt viele andere, die auf verschiedenen Ebenen sich um den Menschen sorgen. Da mitzumachen, sich zu engagieren kann viel mit der Achtung des Menschen zu tun haben.

Es ist was es ist

Ein Text von Erich Fried[1], der auf einfache und eindrückliche Weise die Einheit und Wirkkraft von Geheimnis und Liebe zum Ausdruck bringt, soll die Gedanken zur Geheimnishaftigkeit und Würde des Menschen abschließen:

Was es ist
Es ist Unsinn
sagt die Vernunft
Es ist was es ist
sagt die Liebe

Es ist Unglück
sagt die Berechnung
Es ist nichts als Schmerz
sagt die Angst
Es ist aussichtslos
sagt die Einsicht
Es ist was es ist
sagt die Liebe

Es ist lächerlich
sagt der Stolz
Es ist leichtsinnig
sagt die Vorsicht
Es ist unmöglich
sagt die Erfahrung
Es ist was es ist
sagt die Liebe

2. Die Liebe lebt vom Loben und Danken

»Ich gehe zum Loben«

Man stelle sich vor, auf den Straßen einer Stadt würde an einem Vormittag eine Rundfrage durchgeführt: »Wohin gehen Sie gerade?« Und man stelle sich weiter vor, die Befragten würden antworten: »Ich gehe zum Loben.« Wer käme auf den Gedanken, dass es Sonntag früh etwa 9 Uhr 30 ist und die Befragten alle ganz normale Kirchgänger sind? Die Antwort klingt so seltsam, weil sie deutschsprachig ist. Wäre sie griechisch und würde man Griechisch verstehen, hielte sich die Verwunderung in Grenzen. Die Antwort der Leute hieße dann: »Ich gehe zur Eucharistie« – was übersetzt nichts anderes heißt als: zur Feier des Lobes und Dankes. Es ist gut, sich dies einmal bewusst zu machen, was bei den ersten Christengenerationen mitschwang bei der Feier des »Herrenmahles«: Es geht ums Loben und Danken.

Die ganze Eucharistie ist sozusagen ein einziger Lobgesang:

- Das Gloria, das in gesungenen Messen oft ein musikalischer Höhepunkt ist: »Wir loben dich, wir preisen dich, wir danken dir.«
- Der Ruf der Gemeinde nach der Verlesung des Evangeliums: »Lob sei dir, Christus!«
- Die Erhebung der Opfergaben von Brot und Wein: »Gepriesen bist du, Herr, unser Gott!«
- Die Einladung zur Präfation: »Lasset uns danken dem Herrn, unserm Gott!«
- Die erinnernden Worte bei der Wandlung: »Er

nahm das Brot, sagte Dank und reichte es seinen Jüngern.«

Nicht gezählt die vielen Gebete, in denen vielfältiger Dank zum Ausdruck gebracht wird.

Die Botschaft ist unüberhörbar: Eucharistie heißt und ist Feier des Lobes und Dankes. Und damit ist auch gesagt: Die Liebe lebt vom Loben und Danken!

Die Quelle alles Guten

Weiter noch als die fiktive Umfrage unter sonntäglichen Kirchenbesuchern kann die Frage führen: Was ist für mich die Quelle alles Guten und alles Bösen? Ignatius von Loyola gibt darauf einmal als Antwort, die Dankbarkeit sei der Ursprung alles Guten und die Undankbarkeit der Ursprung alles Bösen. Dies lässt sich geistig nachvollziehen, wenn man bedenkt, dass Dankbarkeit ein Ausdruck von Annehmen ist. Wer dankbar ist, hat sich beschenken lassen, hat sich etwas zu eigen werden lassen bzw. gemacht. Nur das gehört uns wirklich, wofür wir dankbar sind. »Nein, danke!« kann in einer Gesprächssituation genau das Richtige sein, es ist aber auch klar, dass damit nichts läuft im Sinne von Annehmen und Aneignen.

Romano Guardini hat in einer Aufsatzsammlung über die Tugenden von der »Annahme seiner selbst« als Grundvoraussetzung für alles menschliche Wachsen und Reifen gesprochen. Sagen wir nicht oft ganz leise zu uns selber, zu bestimmten Charaktereigenschaften: »Nein, danke!«? Gibt es nicht geheime Ablehnungstendenzen, weil uns dieses und jenes an uns nicht gefällt? Kann sich dies nicht manchmal zu einem ausgesprochenen Minderwertigkeitskomplex auswachsen: »Ich? – Nein, danke!« Lehnen wir nicht manchmal

Lob, ja Liebe anderer ab, weil wir uns nicht für liebenswert halten? Diese Ablehnung seiner selbst kann für ein Beziehungsgeschehen oft störend, ja manchmal fast zerstörend sein. Wenn jemand nicht an sich selbst glaubt und einem anderen dessen Liebe zu ihm nicht glauben kann, dann bedarf es wirklich des Wunders der Liebe, das die in jedem Menschen verborgen liegende Möglichkeit zu lieben weckt, ja auferweckt.
Der heilige Paulus schreibt: »Der Glaube kommt vom Hören.« Dies gilt wohl auch für den Glauben an sich selbst. Es gilt immer wieder das Wort der liebenden Zusage eines Menschen, das Wort Gottes – »Du bist kostbar in meinen Augen« – wie in einer Wiederholungsmeditation zu hören, bis es Wurzel fasst und wächst und Frucht bringt.

Einübung in die tägliche Achtsamkeit des Herzens

Wie kann man sich einüben in das Danken und Loben? – Der bekannte Mönch und geistliche Schriftsteller David Steindl-Rust schreibt ein seinem Buch »Die Achtsamkeit des Herzens«: »Tag und Nacht wird uns mit jedem Augenblick Unzähliges geschenkt. Wir brauchen nur darauf zu achten und Dankbarkeit wird uns beinahe überwältigen. Aber achten wir darauf? Das ist die Frage. Und an diesem Punkt setzt Askese als planmäßige Übung ein. Seit Jahren schreibe ich zum Beispiel täglich in meinen Taschenkalender zumindest eine Sache, für die dankbar zu sein mir vorher noch nie in den Sinn kam. Meint vielleicht jemand, es sei schwer, jeden Tag einen neuen Grund zur Dankbarkeit zu finden? Es ist nicht schwer. Oft kommen mir vier oder fünf Gründe in den Sinn. Ich kann mir gar nicht vorstellen, wie alt ich werden müsste, um den Vorrat merklich zu vermindern.«

Geht es in Beziehungen nicht um die Erweckung dieser Achtsamkeit des Herzens? Und gibt es nicht kleine Rituale des Ausdrucks der Dankbarkeit: die Selbstverständlichkeit, »danke« zu sagen; mal etwas ausdrücklich loben; ein ehrliches Schulterklopfen; ein dankbarer Blick; ein anerkennendes Nicken; ein wohlgefälliges Brummen, vielleicht auch ein dankbares Schmatzen beim Essen. Ein freundliches Lächeln – »der kürzeste Weg zwischen zwei Menschen«, wie es heißt.

Die Kultur der Beachtung kann auch darin bestehen, dass man Bräuche und Riten nicht nur abfeiert, sondern sie immer auch lebendig erhält: den Hochzeitstag, die Geburts-, Tauf- und Namenstage, die Versetzung in der Schule, berufliche Jubiläen usw. Ein Zeugnis für Beachtung von Leben kann auch sein, wenn beispielsweise Frauen sich dankbar erinnern können, dass ihre erste monatliche Regel damals nicht nur als ›Frauensache‹ abgetan wurde, sondern in der Familie liebevoll als Schritt zur Frauwerdung wahrgenommen wurde.

Ein Höhepunkt der Kulturgeschichte der Liebe

Es gibt eine Geschichte im Alten Testament, die geradezu einen Sprung in der Evolution der Liebe bedeutet. Es dürfte eigentlich keine Kulturgeschichte der Liebe geben, in der sie nicht erzählt und gedeutet würde. Dieses epochale Ereignis hat zu tun mit dem Blick für den Wert des anderen. Durch die Berührung mit dem Wert des anderen kann Dankbarkeit entstehen: Ich danke dir. Du bist so gut. Du bist ein Geschenk für mich.

Die Geschichte ist über zweieinhalbtausend Jahre alt und steht im ersten Buch Samuel (1,1–9): »Einst lebte ein Mann aus Ramatajim ... Er hieß Elkana ... Er hatte zwei Frauen. Die eine hieß Hanna, die andere Peninna. Peninna hatte Kinder, Hanna aber hatte keine Kinder. Dieser Mann zog Jahr für Jahr von seiner Stadt nach Schilo hinauf, um den Herrn der Heere anzubeten und ihm zu opfern ... An dem Tag, an dem Elkana das Opfer darbrachte, gab er seiner Frau Peninna und all ihren Söhnen und Töchtern ihre Anteile. Hanna aber gab er einen doppelten Anteil; denn er hatte Hanna lieb, obwohl der Herr ihren Schoß verschlossen hatte. Ihre Rivalin aber kränkte und demütigte sie sehr, weil der Herr ihren Schoß verschlossen hatte. So machte es Elkana Jahr für Jahr. Sooft sie zum Haus des Herrn hinaufzogen, kränkte Peninna sie; und Hanna weinte und aß nichts. Ihr Mann Elkana fragte sie: Hanna, warum weinst du, warum isst du nichts, warum ist dein Herz betrübt? Bin ich dir nicht viel mehr wert als zehn Söhne?«

Die Situation ist eindrücklich genug geschildert und es braucht kein übergroßes Einfühlungsvermögen, um sich vorzustellen, wie es Hanna gegangen sein mag. Und zugleich kann man darüber hinweglesen, dass in der Frage von Elkana ein Entwicklungssprung im Verständnis der Liebe liegt. Elkana beschwichtigt Hanna nicht nur mit Worten wie er liebe sie auch ohne Kinder. Dies wäre schon ungeheuer viel gewesen in einer Gesellschaft, in der Kinder, vor allem Söhne, sozusagen über alles galten. Nein, er lenkt den Blick Hannas auf sich selber weg zu ihm hin. Er sagt gleichsam: Lass doch die ständige und sehr verständliche Sorge, was du alles tun kannst, damit du eine wertvolle, liebenswerte Frau wirst! Suche nicht noch zehn Ärzte auf und nach hundert Heilwassern. Lass die Frage: Bin ich wertvoll genug, dass er mich lieben kann? Mich, Elkana, interessiert doch nur eines: Liebst du mich? Bin ich dir nicht viel mehr wert als zehn Söhne?!

Mit den »Augen des Herzens« schauen

Lieben heißt, den anderen und den Wert des anderen zu entdecken. Das Geheimnis seiner Existenz zu achten und mit den Augen des Herzens den Reichtum des anderen schauen. – Im Brief an die Epheser wird dies ausgedrückt im Blick auf die Gotteserkenntnis: »Er erleuchte die Augen eures Herzens, damit ihr versteht, zu welcher Hoffnung ihr durch ihn berufen seid« (Eph 1,18). Hier klingt auf, was vielen aus der Erzählung von Antoine de Saint-Exupéry – »Der kleine Prinz« – vertraut klingt: »Man sieht nur mit dem Herzen gut.«
Die Französin Madeleine Delbrêl (1904–1964), die selber durch eine tiefe Liebe zu einem Mann aus einer atheistischen, hoffnungslosen Situation »herausgeliebt« wurde – »Gott ist tot – es lebe der Tod« lautete ein Aufsatz von ihr –, hatte diesen Blick des Herzens. Ein Zeugnis eines dankbaren Menschen bringt dies zum Ausdruck: »Madeleine ist das einzige Wesen in der Welt, das mich mit Hoffnung geliebt hat. Sie hat mein wahres Ich erraten, das für alle anderen entstellte, sich selbst unbekannte, von sich selbst gehasste, angekettete, unbewusste, in den Gefängnissen, aus denen ich mich nach zehn Jahren und mit ihrer Hilfe befreien konnte. Dank ihr habe ich für einen Menschen schon existiert, bevor ich in meinem eigenen Bewusstsein existierte, während alle anderen mich nur links liegen lassen konnten.«

Danksagung

Sicher ist entscheidend, dass man dankbar ist. Aber es ist auch wichtig, dem immer wieder Ausdruck zu geben. In der Liturgie wird immer wieder eingeladen, Dank zu sagen: »Lasset uns danken, dem Herrn, unserm Gott!«

Ich erinnere mich, wie meine Mutter uns beim Essen gelegentlich fragend aufforderte: »Ha, saget au, wia's schmeckt!« – Also: »Sagt doch auch, wie's schmeckt!« Wir haben dann versucht, ihr klar zu machen: »Wenn wir nichts sagen, dann heißt das immer, dass das Essen gut ist. Wenn es uns mal nicht schmeckt, dann sagen wir es schon.« Dies war eine etwas mundfaule Lösung – weil das Essen tatsächlich fast immer gut geschmeckt hat – und kommt einer männlichen Art bzw. Unart etwas entgegen, aber es ist auch klar: Man muss den Dank immer wieder auch ausdrücken. Nicht dauernd, nicht übertrieben, denn dann stimmt auch etwas nicht, aber eben doch immer wieder: »Danke! Schmeckt wieder ganz prima! Ich bin so froh, dass du dies für mich erledigt hast. Das hab ich gut gebrauchen können ...!«

Lob und Dank ist so etwas wie das Schmieröl im Getriebe des Alltags.

Wie sehr das Loben auch eine verwandelnde Kraft haben kann, zeigt der Umgang mit Schulklassen. Vor Jahren wurde das etwas seltsame Experiment gemacht, dass das Lehrpersonal – ohne dass dies darum wusste – auf zwei Klassen unterschiedlich eingestellt wurde: Den einen wurde dazu gratuliert, was für eine gute Klasse sie bekämen, die anderen wurden bedauert, weil sie sich wohl mit einer ziemlich schwierigen Klasse herumplagen müssten. Die unterschiedlichen

Lernergebnisse am Ende zeigten, wie sehr die negative bzw. positive Voreinstellung auf die Ergebnisse einen Einfluss hatte.

»Aus dir wird eh nichts. Das kannst du nie. Du bist viel zu ungeschickt dafür« usw. Dies sind moderne Verhexungen, sich selbst erfüllende negative Prophezeiungen. Umgekehrt kann Anerkennung, Lob, Ermutigung von kleinen, guten Anfängen eine starke Wirkung haben.

Die Dankbarkeits-Killer

Es gibt eine ganze Reihe von Dankbarkeits-Tötern. Die wichtigsten seien kurz benannt, in der Hoffnung, dass dafür ein wenig gilt: »Gefahr erkannt. Gefahr gebannt.«

Der erste Dankbarkeits-Killer ist der Stolz, der glaubt, alles selbst machen zu können und zu müssen. Die Vorstellung, sich zu verdanken, kommt solchen Menschen fast wie ein Ich-Verlust vor und potenziert sich noch bei der Vorstellung, die eigene Existenz ganz und gar Gott zu verdanken.

Der zweite Dankbarkeitskiller ist die Selbstverständlichkeit, mit der alles angenommen wird. Jemandem aber, der krank ist, einem Unfall heil entkommen ist oder anderswie noch einmal Glück gehabt hat, kann neu zu Bewusstsein kommen, dass in gewissem Sinn überhaupt nichts selbstverständlich ist.

Ein weiterer Dankbarkeits-Killer ist ein falsches Rechts- und Anspruchsdenken. Dieses glaubt, auf alles ein Recht zu haben und unwillig einfordern zu können, was nur geschenkt werden kann.

Ein letzter Dankbarkeits-Killer sei noch entlarvt: Es ist die Vorstellung, dass man nur für ganz große und außerordentliche »Dinge« dankbar sein könne bzw. müsse. Der Schlüssel zum Glück liegt in der Dankbarkeit für so genannte Kleinigkeiten. Eine Umfrage bei Männern und Frauen, die sich selber als glücklich bezeichneten, zeigte, dass für sie alle auch scheinbar sehr kleine Vorgänge, Begegnungen und Dinge Quelle von Zufriedenheit und Glück sein konnten – unabhängig von den äußeren ärmlichen oder luxuriösen Umständen, in denen sie lebten. Dazu passt ein Erlebnis meiner Mutter mit einem alten Bauern, dessen Frau gestorben war. Sie drückte ihm ihr Mitempfinden aus: Die Einsamkeit sei wohl schwer zu ertragen. Der Bauer bestätigte dies und fügte tief seufzend hinzu: »Ja und vor allem nachts, wenn du aufwachst und niesen musst und niemand ist da und sagt zu dir: Helf dir Gott!« Eine leidenschaftliche Liebesnacht ist eines, etwas anderes aber, dass da jemand einfach da ist und dir »Gesundheit« wünscht: Das ist Alltags- und Allnachts-Liebe!

3. Die Liebe lebt von der Versöhnung

»Sondern erlöse uns von dem Bösen ...«

»Ich kann es bald nicht mehr hören in der Messfeier: Herr, ich bin nicht würdig, dass du eingehst unter mein Dach, aber sprich nur ein Wort, so wird meine Seele gesund! Dieses ständige Einhämmern von Unwürdigkeit und Sündenbewusstsein!« – Auf den engagierten Ärger der Frau, die mir dies sagte, könnte man noch einige Holzscheite nachlegen. Wenn man die Texte der Eucharistie durchgeht, kann man tatsächlich erstaunt sein, wie oft dort von Sünde die Rede ist: im Bußritus zu Beginn jeder Messe, in vielen Gebeten mit der Bitte um Vergebung von Schuld, in den biblischen Geschichten, im Vaterunser: »Vergib uns unsere Schuld, wie auch wir vergeben unsern Schuldigern, und führe uns nicht in Versuchung, sondern erlöse uns von dem Bösen.« Und dann im »Agnus Dei« dreimal das Erflehen von Erbarmen und dann noch einmal vor der Kommunion: »Herr, ich bin nicht würdig ...« Wie kann dies verstanden und gefeiert werden, dass es Eucharistie ist und frohe Botschaft für glückende Beziehung? Vielleicht mit einer Gegenbotschaft, die ich einmal von jemandem hörte: »Mir verschlägt es die Sprache, seit ich die Abgründigkeit meiner Armseligkeit erkannt habe und dass ER in mir, in meiner Hütte Wohnung nimmt!« Das Wort von Sünde und Versöhnung wird nur dann frohe Botschaft, wenn es nicht ständig an eigene Fehler, Grenzen und Schuld erinnert, sondern vor allem an die Möglichkeit von Neuanfang, von Befreiung, von Aufnahme und Weiterführung von Beziehung.

Für Jesus war die Verkündigung der Befreiung von Schuld und Sünde und von der Freude Gottes zentral: Der Himmel freut sich »über einen, der heimkehrt, mehr als über 99 Gerechte, die der Umkehr nicht bedürfen«, heißt es provozierend. Die Geschichte von der Rückkehr des »verlorenen Sohnes« und des barmherzigen Vaters im Evangelium von Lukas gipfelt in der Aussage des Vaters an den älteren, zu Hause gebliebenen Sohn: »Dein Bruder war tot und lebt wieder! Da muss man sich doch freuen« (vgl. dazu das ganze Kapitel 15 bei Lukas mit all seinen Versöhnungsgeschichten). Von Sünde muss so geredet werden können, dass schließlich Freude am Leben aufkommt. Darum geht es auch in Versöhnungsgesprächen zwischen Menschen.

»Wen man lieb hat, der darf auch ...«

Ein etwa fünfjähriges Mädchen lieferte mir einmal eine hübsche Geschichte, die ahnen lässt, wie viel Kinder von der Kunst des Liebens und vom Umgang mit den Schwächen eines lieben Menschen wissen: »Geh runter vom Sofa!« Man kann den Aufschrei der Oma verstehen, wenn man vor Augen hat, dass er dem verdreckten Hund gilt, der es sich gerade auf dem sauberen Sofa im Wohnzimmer gemütlich machen will. Die kleine Tanja umarmt den verscheuchten Hund und erklärt der Oma: Wenn unser Stefan in die Hose gemacht hat, hältst du doch nicht die Nase zu, sondern machst ihn sauber! Wen man lieb hat, der darf auch stinken!« Die Botschaft dieser anrüchigen Geschichte ist klar: Menschen haben manchmal schmutzige Hände, machen Mist, können abstoßend sein – und können doch Gegenüber liebender Zuwendung sein und bleiben. In der Bergpredigt macht Jesus diese universale Liebe Gottes deutlich und lädt den Menschen dazu ein: »Er lässt seine Sonne aufgehen über Bösen und Guten, und er lässt regnen über Gerechte und Ungerechte. Wenn ihr nur die liebt, die euch lieben, welchen Lohn könnt ihr dafür erwarten? Ihr sollt also vollkommen sein, wie es auch euer himmlischer Vater ist« (Mt 5,45–48). Ist es nicht paradox, dass die Vollkommenheit Gottes und der Menschen gerade darin besteht, dass man einander nicht Vollkommenheit, ständige Perfektion abfordert, sondern sich mit Unvollkommenem versöhnt? Wo dies geschieht, da scheint Sonne und strömt Regen und wächst fruchtbare Beziehung. Und wie geschieht Versöhnung mit Grenzen und Unvollkommenheit? Auf einfache und zugleich schwierige Weise:

- indem man sich selber immer wieder seiner Grenzen bewusst wird;
- indem man sich dazu erzieht, sich zu entschuldigen, wenn man sich unfair benommen hat;
- indem man sich immer wieder darauf einstellt, Verzeihung zu gewähren. – »Wie oft? Bis zu siebenmal?«, fragt Petrus. Die Antwort Jesu: »Siebenmal siebzigmal.« Also immer.

Zwischen Ideal und Wirklichkeit

Unvollkommenheit erfährt der Mensch oft unter der Spannung zwischen Ideal und Wirklichkeit, Vorsatz und mangelnder Durchführung. Wir benehmen uns dabei manchmal wie ein Seemann, der auf den Leuchtturm lossteuert und strandet, statt ihn als wichtigen Orientierungspunkt zu nehmen. Nicht ganz selten kommt es zu Schiffbrüchen in Beziehungen, weil wir meinen, wir müssten die gegenseitigen Vorstellungen, Ideale und Träume alle verwirklichen. Es gehört längst zum kleinen Einmaleins von Beziehungsberatung, auf die Falle aufmerksam zu machen, dass es zwar ein schönes Gefühl ist, »den Traummann« oder »die Traumfrau« gefunden zu haben, dass es aber eine gefährliche Überlastung ist, wenn man meint, das Gegenüber müsse alle Träume erfüllen. Der nahe liegende Fehlschluss in Krisensituationen und bei den ersten Enttäuschungen zielt in die Richtung: Also sind wir nicht füreinander geschaffen. Und dann geht die Suche nach einer neuen Leinwand weiter, um darauf die eigenen Träume projizieren zu können. Die stärkere Beziehung ist sicher die, in der Partner versuchen, nicht nur sich an ihren Stärken und Vorzügen und Möglichkeiten zu freuen, sondern auch ihre Schwächen zu sehen, darauf Rücksicht zu nehmen und kreativ damit umgehen zu lernen. Vielleicht gilt hier auch das, was Paulus einmal als geistliche Erfahrung im Umgang mit sich selber ausdrückt: »Der Geist kommt in der Schwachheit zur Vollendung.«

Die goldene Regel

In der so genannten Bergpredigt gibt es einen kleinen Abschnitt, der in der Einheitsübersetzung mit den Worten überschrieben ist: »Die goldene Regel«. Diese lautet: »Alles, was ihr von anderen erwartet, das tut auch ihnen! Darin besteht das Gesetz und die Propheten« (Mt 7,12). Dies ist die vielleicht einfachste und zugleich grundlegendste Spielregel für menschliche Beziehung. Wäre es nicht ein höchst interessantes »Liebesspiel«, wenn zwei Partner einmal aufschreiben würden, was für sie wohltuend in der Begegnung und eine wohltuende Spielregel des Begegnens wäre: Ich möchte gerne, dass das Gegenüber offen ist ..., dass Abmachungen eingehalten oder ausdrücklich revidiert werden ..., dass man mir aus meinen Worten keinen Strick dreht ..., dass man nachfragt ... usw. Und dann könnte man anfangen zu vergleichen und zu erklären, warum einem eine solche Spielregel so wichtig ist bzw. welche Erfahrungen einen darauf gebracht haben. Und dann müsste man ja »nur noch« versuchen, sich daran zu halten und gegebenenfalls zu schauen, wie man bei Verstößen gegen die Spielregeln es nicht zum Abbruch des Spieles kommen lässt, sondern fair weitermacht. – Es ist dies nicht nur ein Spielchen, eine nette Idee. Jesus betont: »Darin besteht das ganze Gesetz und die Propheten!«

»Hört und ihr werdet leben«

Dieses biblische Wort drückt eine Erfahrung von vielen Menschen in heilenden Berufen aus. Ich erinnere mich an die Aussage eines Therapeuten: »Wann immer ich in einer Therapie den Eindruck habe, dass der seelisch kranke Mensch anfängt, wieder hören zu können, habe ich die Gewissheit, dass er durchkommt, dass er wieder frei und lebensfähiger werden wird.«

Wir sind es gewohnt, möglichst alle Störungen durch Pillen zu beseitigen, in der Hoffnung, dies ginge schneller, billiger und schmerzloser. Und doch zeigt die Erfahrung, dass eine gestörte Beziehung zu sich selbst bzw. zu anderen Menschen mehr durch ein tieferes Wahrnehmen und Eingehen aufeinander geheilt wird als durch rein medizinische Mittel. Natürlich ist ein Kurs für partnerschaftliche Gesprächsführung herausfordernder, als wenn man nur eine Pille zu schlucken brauchte.

Es gibt eine Gesprächsübung, die generell, aber gerade auch in kritischen Situationen hilfreich sein kann. Dabei gilt es, einige Spielregeln zu beachten, auf die sich die Beteiligten einigen müssen:

- Beide müssen das Gespräch wirklich, wenn auch vielleicht mit unterschiedlicher Intensität, wollen.
- Es muss genügend Zeit da sein: wenigstens zweimal eine Stunde oder eher mehr.
- Es gilt die Spielregel, dass zunächst ca. eine Stunde nur die eine Person spricht und die andere nur zuhört. Es ist höchstens eine reine Verständnisfrage erlaubt, wenn man etwas akustisch oder von der Aussage her nicht verstanden hat.
- Dann erfolgt ein Wechsel der Rollen von Zuhören und Reden. Zwischen beidem sollte ein guter zeitlicher Abstand liegen.
- Die Aussagen müssen immer subjektiv, Ich-zentriert ausgedrückt werden und sich auf Erfahrungen und Gefühle beziehen und nicht Deutungen und Vermutungen und Schuldzuweisungen enthalten. Also nicht: »Du hast und du bist immer ...«, sondern: »Dies und dies hat in meinen Gefühlen Ärger usw. ausgelöst«; »Da fühle ich mich ganz hilflos und in meinem Anliegen nicht ernst genommen.«
- Am Schluss des Gespräches kann es sinnvoll sein, sich bzw. einander die Fragen zu stellen: Wie könnten wir künftig miteinander bzw. mit dieser schwierigen Situation umgehen? Was würde dir helfen, wenn ich ...? Was würde mir helfen, wenn du ...?
- Auch die Frage, wie man an »der Sache« dranbleiben will, wann man sich darüber eventuell austauschen möchte, wie es mit den Vereinbarungen wei-

tergegangen ist, kann hilfreich sein. Sonst macht man einen großen Anlauf, springt und die Angelegenheit bleibt liegen, statt dass es weitergeht.

- Man muss auch spüren und sich einigen, ob das Gespräch eher in einem Raum stattfinden soll oder besser auf einem langen Spaziergang.

  Manchmal kann die Anwesenheit eines Dritten, der auf die Einhaltung der Spielregeln achtet, hilfreich sein.

  Man wird auch spüren, ob ein zweiter oder gar dritter Durchgang sinnvoll sein könnte.
- Ebenso kann es hilfreich sein, ein solches Gespräch nur in der Phantasie zu führen; vielleicht weil die andere Person ein solches Gespräch nicht will oder auch nur zur persönlichen Vorbereitung des Gespräches.

Nicht immer helfen diese Regeln, aber oft genug kann dadurch eine Situation, in der man sich festgefahren hat, wieder flottgemacht werden.

Manchmal kann es auch fruchtbar sein, wenn zwei Partner einfach darüber sprechen, welchen Preis sie zahlen müssen, wenn sie so, wie sie zur Zeit miteinander leben, weiterleben. Gibt es eine Alternative, die zwar auch ihren Preis hat, aber doch verlockender erschiene? Wie sähe sie aus? Wie könnte man sie einmal ausprobieren und einüben?

Die Gnade des schwierigen Menschen

Martin Gutl hat in seinem Bändchen »Ich falle in Deine Hände« einen Text geschrieben, der helfen kann, wenn zwei Menschen sich nicht miteinander verständigen können. Er bietet eine neue Blickweise auf »den schwierigen Menschen« an. Wir können von ihm lernen, was wir von den besten Freunden nicht lernen können, vielleicht auch dann noch, wenn es nicht zu einem lösenden Gespräch kommt:

An einen schwierigen Menschen[2]

Du bist mein Fegfeuer.
Du reinigst mich.
Dein Blick peinigt mich.
Dein Wesen regt mich auf.
Dein Blick erinnert mich an etwas,
was ich bisher mit Erfolg verdrängen konnte.
Dein Tonfall reizt mich.
Ich entdecke in meinem Wesen etwas,
was ich bisher nicht gefunden habe.
Deine Art und Weise zu leben steht im Widerspruch
zu meiner Denk- und Lebensweise.
Du bist ein Feuer, das mir wehtut
und mich wärmt in einem.
Ich weiß,
du bist nicht zufällig auf mich zugekommen.
Du warst unausweichlich da.
Du hast an mir deine Aufgabe zu erfüllen.
Es ist geheimnisvoll,
auf Grund von Aufträgen einander begegnen zu müssen.
Wir sind nicht nur Menschen,
wir sind füreinander Gesandte.
Du wirst mich so lange herausfordern,
bis ich eins bin mit dir.

4. Die Liebe lebt vom Gespräch

Eucharistischer Dreiklang: Schweigen – Hören – Antworten

»Seid aufmerksam!«, so singt in der byzantinischen Liturgie der Diakon vor den Lesungen. Damit schlägt er einen Grundakkord menschlichen Begegnens an, den Dreiklang von Schweigen – Hören – Antworten. Die Eucharistie geschieht und schwingt in diesem Dreiklang. Vielleicht hat die Stille im Vergleich zu früher etwas abgenommen. Es gibt keine »stillen Messen« mehr. Vielleicht lag gerade in der Unverständlichkeit der lateinischen Sprache auch die Einladung zum stillen, meditierenden Dasein. Aber immer noch gilt die Einladung zur Stille. Schon dadurch, dass man sich für eine Stunde aus den Geschäftigkeiten und oft auch Geschwätzigkeiten des Alltags herausnimmt, begibt man sich auf einen Höhenweg, auf dem manche Geräusche aus den Tälern und Straßen zumindest nur gedämpft heraufklingen und nicht mehr so die Offenheit des Herzens und der Ohren stören. Dem Priester wird eigens vorgeschrieben, wenn er zu den Gebeten einlädt, solle er eine kleine Pause machen, damit zuvor die Gläubigen sich selber innerlich ins Beten einstimmen können.

Das Schweigen ist Vorbereitung zum Hören. Wer nicht schweigen kann, kann nicht hören. Eucharistie ist Einübung ins schweigende Hören. Die Gebetsworte fallen wie Samenkörner in das Innere des Menschen und können dort keimen und wachsen. Und vor allem im Hören auf die biblischen Texte und deren Auslegung in der Predigt will das Wort Jesu und

darin seine Wirklichkeit immer neu lebendig werden: Erkenntnis stiften, Befreiung verkünden, in Entscheidungen hineinstellen, Beziehung vertiefen.
Von Jesus Christus selber gilt, wie es der Evangelist Johannes ausdrückt: »Und das Wort ist Fleisch geworden und hat unter uns gewohnt.« Sein Wort ist so wirkmächtig, weil er ganz in ihm war, ja weil er Wort Gottes zum Menschen ist. »Er redet wie einer mit Vollmacht, nicht wie die Schriftgelehrten und Pharisäer«, sagen die Leute von ihm. Seine große Not in der Begegnung mit Menschen drückt er mit dem alttestamentlichen Wort aus: »Sie haben Ohren und hören nicht!« – Die Botschaft der Eucharistie an liebende Menschen lautet: Die Liebe lebt vom Zusammenspiel von Schweigen – Hören – Antworten. Für solches gelingende Zusammenspiel gibt ein kleiner Text von Rose Ausländer[3] Zeugnis:

Wir wohnen
Wort an Wort

Sag mir
dein liebstes
Freund

meines heißt
DU

»Wenn du nicht ganz da bist ...«

Eine Ordensschwester besuchte eine 90-jährige Mitschwester, mit der sie über Jahrzehnte in Freundschaft verbunden war. Es war klar, dass es wohl der letzte Besuch sein würde. Die jüngere wartete ein wenig auf ein letztes Wort ihrer sterbenden Mitschwester, das für sie eine Art Testament sein könnte. Da hörte sie den leise gesprochenen Satz: »Wenn du nicht da bist, hörst du es nicht?« Ein erstaunt fragender Blick der jüngeren Schwester, und die ältere, noch einmal und mit Nachdruck: »Wenn du nicht *ganz* da bist, hörst du ES nicht.« Welch ein Testament-Wort!

Es geht beim Hören um Präsenz, um Gegenwärtigsein. Wo bin ich mit meinen Gedanken und Gefühlen und Erinnerungen beim Gespräch? Fühle ich mich in den anderen ein? Reagiere ich sofort oder versuche ich das Wort wie einen Bissen Brot zu kauen und es nicht gleich wie einen Tischtennisball zurückzuschmettern? Teile ich mich in meinen Worten selber mit, wie man dem anderen ein Stück Brot reicht?

»Der Mensch lebt nicht vom Brot allein, sondern von jedem Wort aus dem Munde Gottes.« Dieses Wort Jesu gilt auch für die Beziehung von Menschen untereinander. Wir verhungern menschlich, wenn wir nicht miteinander das tägliche Brot der Worte teilen oder wenn wir uns damit nur voll stopfen. Hier gilt das Wort von Ignatius: »Nicht das Vielwissen sättigt die Seele, sondern das Verkosten der Dinge von innen.«

»Schaff Schweigen!«

Von dem dänischen Religionsphilosophen Sören Kierkegaard stammt die Aussage: »Wenn ich ein Arzt wäre und mich jemand fragte: Was meinst du wohl, was getan werden sollte? – Ich würde antworten: Das Erste, die unbedingte Bedingung dafür, dass überhaupt etwas getan werden kann, also das Erste, was geschehen muss, ist: Schaff Schweigen, hilf anderen zum Schweigen.«

Wenn es stimmt, dass allzu viel immer ungesund ist,

dann kann man unsere Lebenssituation mit dem Begriff der »akustischen Umweltverschmutzung« bezeichnen. Wenn wir von Worten Fett ansetzen würden wie unser Bauch vom Essen, dann müsste uns das Fett wohl schon zu den Ohren heraustriefen – Wortmüll und Wörterüberflutung bis zur Gehörgangverstopfung.

Einübung ins Schweigen ist ein Weg zur Gesundung bzw. Hilfe zur Erhaltung sozialer Gesundheit. Aber wann und wie soll dies geschehen? Vielleicht helfen da einige Fragen und Gedanken:

- Muss ich zu denen gehören, die jeden Tag einige Stunden vor dem Fernseher sitzen?
- Wie wohl kann ein Spaziergang tun, bei dem man nicht dauernd nur miteinander redet, sondern auch schweigend nebeneinander und miteinander geht.
- Kann ich mir schöpferische Pausen gewähren, die meinem Tun und Begegnen neues Gewicht und Tiefe verleihen – eine schöpferische Pause, wenn eine Arbeit zu Ende geht, bevor etwas Neues beginnt; nur eine halbe Minute; nur ein paar Mal tief ausatmen und einatmen; den Weg nach Hause als Pause »zelebrieren«?

Mit anderen Worten, die die Wirkkraft des Schweigens auf den Punkt bringen können: Wir haben uns auseinander geredet – könnten wir uns nicht zusammenschweigen?

»Sprich, damit ich dich sehe«

Ein altes lateinisches Wort sagt: »Loquere ut videam te« – »Sprich, damit ich dich sehe!« Zu sprechen heißt, Einblick in sich zu gewähren: in das eigene Denken und Fühlen und Wollen. Wir werden, wenn wir miteinander wahrhaftig reden, füreinander sichtbar. Anderenfalls tappen wir oft nur in einem Ich-Du-Nebel herum. Damit daraus ein echtes Gespräch werden kann, ist wohl das Wichtigste, dass man sich dafür Zeit nimmt. Sollte es wirklich stimmen, dass ein bundesrepublikanisches Ehepaar sich pro Tag nur etwa drei Minuten Zeit nimmt für persönliche Mitteilungen?

Lassen sich als Gegenmaßnahme nicht kleine Rituale schaffen? Abends vor dem Einschlafen noch ein paar Worte wechseln, sich etwas vom Tag erzählen. Oder morgens. Man sollte nicht vorschnell abwinken. Wenn einem an einer Beziehung liegt, ist man findig. Ich denke an ein Ehepaar, das aufgrund der beruflichen Karrierephase sehr in Anspruch genommen ist. Aber es gibt für sie eine »heilige halbe Stunde« beim täglichen Frühstückskaffee, während der sie nicht Belanglosigkeiten reden, sondern nur das, was sie, was ihr Leben, ihre Beziehung angeht. Die beiden haben den Eindruck, dass diese »Zeit nur für uns« lebenswichtig für ihre Partnerschaft sei.

Durch solches teilnehmend-teilgebende Sprechen verliert man sich nicht aus dem Blick: »Sprich, damit ich dich sehe!« In diesem Sinn kann ein Gespräch, je intimer es wird, umso mehr zum Geschenk der Nacktheit werden: Man kann sich sehen lassen, wie man ist, ohne sich schämen zu müssen. Von hierher lässt sich ein Bogen schlagen zum erotischen Begegnen: Wenn das persönliche Gespräch versiegt, dann kann die Beziehung nicht durch bloße erotisch-sexuelle Stimulation zum Leben erweckt werden. Umgekehrt kann wohl kaum etwas so sehr zu einer lebendigen erotisch-sexuellen Beziehung helfen, als wenn Menschen sich immer freier austauschen lernen: Wer seine Gefühle, seine Wünsche, seine Erlebnisse, seine Ängste, seine inneren Bilder, seine Sehnsüchte, sein Beschämtsein, seine Ungeschicklichkeit, sein Verletztsein, seine Überforderung, sein Lustempfinden dem Partner bzw. der Partnerin gegenüber ins Gespräch bringen kann, der kann Raum schaffen für ein freies, beglückendes erotisches Begegnen und Erleben.

Arbeit an und mit der Sprache

Wenn jemand in ein fremdes Land geht und die Sprache lernen will, dann ist es klar, dass dies mit sehr viel Zeit, Aufmerksamkeit, Hören und Lernen verbunden ist, jedenfalls wenn man nicht nur das Nötigste sprechen will, sondern die Sprache und damit die Menschen von innen her verstehen möchte. Leider verführt die Tatsache, dass wir im Alltag miteinander Deutsch reden können, dazu zu meinen, wir würden die anderen verstehen und bräuchten keine Arbeit an der Sprache mehr. Doch gerade dies könnte nötig und hilfreich sein. Dies sei mit einigen Beispielen verdeutlicht.

- *Sprachspiele erfinden*
  Ich erinnere mich, wie meine Eltern mit zunehmendem Alter immer vergesslicher wurden oder sich auch sprachlich missverstanden. So kam es immer wieder zu kleinen Szenen, in denen sie sich darum stritten, wer Recht gehabt habe: »Ich habe doch gesagt, du sollst ... nein, du hast nicht gesagt ... doch ... nein ...« usw. Da fanden die beiden, damals schon über 80 Jahre alt (!), ganz von selber eine geniale sprachliche Lösung: Wenn sie sich genügend hochgeschaukelt hatten, konnte man die »Schiffschaukel« mit einem einzigen Satz stoppen, wenn

man wollte. Originalton schwäbisch: »Ois von uns boide deischt sich jetzt!« – »Eines von uns beiden täuscht sich jetzt!« Freilich ist das nur möglich, wenn man nicht darauf versessen ist, immer Recht zu bekommen, sondern auch mal eine Frage auf sich beruhen lassen kann, und es grundsätzlich für möglich hält, dass man sich selber auch täuschen kann.

- *Ich-orientiert sprechen*
  Ein anderes Beispiel für die »Arbeit an der Sprache« ist für mich selbst vor vielen Jahren hilfreich geworden. Ich bewunderte gelegentlich einen, der auch in sehr aggressiven Situationen die Ruhe bewahrte. Er blickte dann im Kreis herum und sagte nur: »Ach, ich sehe das ganz anders.« Oder auch: »Mit diesem Menschen habe ich eine andere Erfahrung gemacht.« Und das Gespräch konnte weiterlaufen. Für mich war dies die Ermutigung: Formuliere subjektiv. Drücke *deine* Erfahrungen aus, die kann dir niemand nehmen. Erlaube dir, einen Menschen, eine Situation anders zu sehen.
- *Nach Erfahrungen und Hintergründen fragen*
  Es kann sehr viel helfen, wenn man nicht einfach gegen eine Äußerung reagiert, sondern nachfragt: »Wie verstehst du das? Kannst du mir sagen, warum dies für dich so wertvoll und wichtig ist? Kannst du mir erklären ... ich verstehe nicht ganz ...? Welche Erfahrungen und Empfindungen stehen dahinter? Welche Befürchtungen hast du? Habe ich dich richtig verstanden, wenn ich sage ...« – Auf diese Weise fühlen sich Menschen ernst genommen. Nichts nützt einem Gespräch so sehr wie der Respekt vor dem anderen, seinem Leben und seinen Erfahrungen.

- *Direktheit im Sprechen*
  Die Direktheit im Sprechen ist oft eine Hilfe. Ich denke an eine Kursleiterin, die mir erzählte, dass zu ihr eine Ordensschwester kam, die eine verunstaltende Krankheit im Gesicht hatte. Die Mitschwestern bei dem Kurs versuchten alle freundlich, sich nichts anmerken zu lassen und sie nicht darauf anzusprechen. Nach einigen Tagen kam die Schwester nochmals zur Kursleiterin und erzählte mit einiger Freude: »Heute bin ich draußen auf der Straße gewesen und da sah mich ein etwa dreijähriges Kind und fragte mich: Schwester, hast du ein Wehweh? – Das hat mich so gefreut und getröstet!« – Sicher kann es manchmal taktvoll und sinnvoll sein, etwas nicht oder nicht direkt anzusprechen. Aber es wäre oft besser für eine Beziehung, sich direkter auszudrücken: »Du, kann ich mal ... Du, ich hätte gerne ... Geht's dir heute nicht gut? Wie hättest du es denn gerne?« – Die Arbeit an der Sprache ist ein kostbares Instrument für die Begegnung. Es lohnt sich, damit und daran zu arbeiten.

»Seit ein Gespräch wir sind ...«

Sicher ist es gut, sich um Spielregeln eines Gesprächs im Dreiklang von Schweigen – Hören – Sprechen zu mühen. Wichtiger aber noch ist, dass solche Kultivierung nicht bloße Technik bleibt bzw. dazu verkommt. Gilt nicht, dass der Mensch nicht nur spricht, sondern Gespräch ist?
Diese Sicht bietet uns jedenfalls der Dichter Friedrich Hölderlin in der endgültigen Fassung seines Gedichtes »Friedensfeier« an. Er formuliert: »Seit ein Gespräch wir sind und hören voneinander ...« Will sa-

gen: Wir reden nicht nur Worte, sondern wir sind Gespräch.

Im näheren Zusammenhang des poetischen Textes spricht Hölderlin von dem Gott, der mit den Sterblichen das Schicksal teilt, vom »stillen Gott der Zeit«, mit dem wir zum Gespräch werden. Man kann also den Vers im ursprünglichen Sinn auf das Verhältnis von Gott und Mensch hin verstehen; man kann das Gedicht aber auch auf gelingende Beziehungen hin deuten, die im Schweigen – Hören – Antworten Begegnung ermöglichen und Leben finden und dabei ins Singen kommen können:

»Viel hat von Morgen an,
Seit ein Gespräch wir sind und hören voneinander,
Erfahren der Mensch; bald sind wir aber Gesang.«

5. Die Liebe lebt vom Empfangen und Geben

Opfern – oder vom Empfangen und Geben

Opferung ist ein Geschehen in der Eucharistie, das nicht zu überlesen und zu übersehen ist. Ein ganzer Teil trägt diesen Namen: Brot und Wein werden zum Altar gebracht – manchmal in einem eigens gestalteten feierlichen Opfergang. Der Priester betet: »Herr, unser Gott, Schöpfer der Welt: Wir danken dir für Brot und Wein, Früchte der Erde und der menschlichen Arbeit.« Und daran schließt sich immer noch ein Gebet an, das auf je verschiedene Weise das Bewusstsein ausdrückt, dass der Mensch sich in einem großen Kreislauf befindet, in dem er empfängt und gibt, sich beschenken lässt und beschenkt. Und es kommt zum Ausdruck, dass Gottes Liebe selber diesen Kreislauf in Bewegung hält und sich darin hineingibt – in Brot und Wein und schließlich in allen Gaben des Lebens. Der Mensch ist eingeladen, sich in diesen Kreislauf von Empfangen und Geben einzulassen. Dies ist die Botschaft der Opferung. Die Liebe lebt vom ständigen und wechselnden Empfangen und Geben.

Opfer – in der Spaßgesellschaft?

Im Allgemeinen ist das Wort »Opfer« sehr im religiösen Sprachbereich und in sakralen Riten beheimatet. Gelegentlich wird es auch im profanen Bereich gebraucht. Am Beginn des deutschen Einigungsprozesses konnte man einige Wochen lang in Umfragen lesen, dass die Deutschen bereit seien, »Opfer« zu bringen für die Einheit, auch das Opfer höherer Steuern. Am ehesten spricht man noch von Erdbebenopfern, Kriegsopfern und Verkehrsopfern. Allein diese Erinnerung könnte schon genügen, das Wort »Opfer« nur mit Schaudern zu gebrauchen. Und vielleicht erinnern sich manche Älteren daran, dass Religion und Glaube oft verbunden waren mit: »ein Opfer bringen«: Verzicht auf Annehmlichkeiten in der Fastenzeit und an Freitagen auf Fleischspeisen. Überhaupt wurde religiöse Praxis oft mit Opfer, Verzicht, Schweres ertragen usw. in Verbindung gebracht.

Ist dies überholt? Muss ein altes Verständnis wieder restauriert werden? Oder gilt es, Missverständnisse zu klären bzw. eine weitere und tiefere Sicht zu gewinnen – zum Vorteil des Lebens und Liebens? Die entscheidende Antwortrichtung ist schon angegeben in der Sicht des Opferns, wie sie die Eucharistie als Doppelrhythmus von Empfangen und Schenken vor Augen führt.

In seinem Rundschreiben zur Eucharistie, »Bleibe bei uns, Herr«, weist Johannes Paul II. auf die gesellschaftliche und die sozial-politische Dimension von Geben und Empfangen hin: »Ich denke an das Drama des Hungers, der hundert Millionen Menschen quält; ich denke an die Krankheiten, welche die Entwicklungsländer geißeln; ich denke an die Einsamkeit vieler älteren Mitmenschen; an die Beschwernisse der Arbeitslosen und an die Widrigkeiten, mit denen die Immigranten konfrontiert sind. Diese Übel kennzeichnen – wenn auch in unterschiedlichem Maße – selbst die reichen Länder. Wir können uns nicht täuschen: An der gegenseitigen Liebe und insbesondere an der Sorge für die Bedürftigen erkennt man uns als wahre Jünger Christi (vgl. Joh 13,35; Mt 25,31–46). Dies ist das Kriterium, auf Grund dessen die Echtheit unserer Eucharistiefeiern überprüft wird.«

Liebe lebt vom Empfangen

Empfangen, so mag man denken, könne doch jeder und würde immer leicht fallen. Aber ist nicht auch diese Fähigkeit schon manchmal gestört? Gestört, weil man sich verpflichtet fühlt zur Gegengabe. Gestört, weil man sich zu reich beschenkt fühlt: »Das kann ich doch nicht annehmen!« Gestört, weil man fürchtet, die Gabe sei nur ein Köder und man hinge an der Angel, wenn man zubeiße.

Und sind nicht auch die verschiedenen Formen von Konsumismus, das Gieren nach immer mehr und nach einem neuen Kick Weisen spiritueller Essstörungen? Man empfängt und verdaut gar nicht mehr richtig, sondern hat auf »Durchfall« gestellt. Empfangen zu können ist eine Kunst. Sie bedarf der Demut, weil dadurch offenbar wird, dass man bedürftig ist, dass man einander braucht. Sie bedarf des guten Selbstbewusstseins, dass jemand sich durch eine Gabe nicht in seiner Selbstständigkeit bedroht fühlt.

Sicher wird das Empfangen erschwert, wenn etwa Kinder sich als abgespeist erfahren, wenn die Eltern ihnen statt der notwendigen Aufmerksamkeit und Zeit nur Spielsachen schenken. Wenn man in dem, was man gibt, ein Stück von sich selber schenkt, kann das Empfangen erleichtert werden.

Liebe lebt vom Weitergeben: »Der Mama zuliebe ...«

Der erste Akzent des Doppelrhythmus des Opferns ist das Empfangen, der zweite das Geben. Dieses ist oft mit einem Loslassen und manchmal mit einem schmerzlichen Verzichten verbunden. Ein eindrückliches diesbezügliches Erlebnis hatte ich, als bei meinen inzwischen verstorbenen Eltern der Schritt ins Alters- bzw. Pflegeheim bevorstand. Vor allem meinem Stiefvater, der so gar nichts Stiefväterliches an sich hatte, fiel es schrecklich schwer. Viel Arbeit, Achtsamkeit, Mühe hatten er und auch meine Mutter in das Reihenhäuschen mit dem hübschen Garten investiert. Es war der Raum für ihr gemeinsames Leben und Lieben und Mühen gewesen. Aber die gesundheitliche Situation der beiden hatte sich so verschlechtert, dass ich froh war, als das nahe gelegene Altersheim gerade in der kritischsten Phase ein Zimmer anbot. Ich erzählte meinem Vater von dieser Möglichkeit. Ich sagte ihm auch, dass niemand ihn dazu zwingen wolle und könne, dorthin zu gehen, aber dass es eigentlich kaum mehr mit anzusehen sei, wie sehr sie sich – trotz Hilfe von außen – abquälten. Nach einer langen Pause sagte er dann mit etwas leiser und angebrochener Stimme: »Der Mama zuliebe.« Ich musste in diesem Augenblick daran denken, wie ich als Zwölfjähriger mitbekam, wie die beiden am Traualtar sich das Versprechen gaben, »in guten und in schlimmen Tagen« zueinander zu halten. Es war dies ein schlimmer Tag, ein schwerer Tag. Es war dies ein Loslassen, ein wirkliches Opfer – aus Liebe. Es war dies aber kein Verzicht aus einer schief geratenen, falschen religiösen Verzichtsmentalität heraus, sondern es geschah um des

Liebens willen. Vielleicht sollte man ergänzen, dass solches Verzichten nicht der Alltag des Liebens ist, aber man muss doch wohl auch sagen: Kleinere und größere Verzichte gehören immer wieder dazu.

Die chinesische Vase und das Opfer Christi

Vielleicht ist die Geschichte wahr, wenn nicht, dann wenigstens gut erfunden: Ein Kind spielt mit einer kostbaren chinesischen Vase und steckt die Hand hinein – bringt sie aber nicht mehr heraus. Die ganze Familie kommt und redet gut zu und dreht und windet die Vase hin und her – aber nichts zu machen. Schließlich muss die Vase kaputtgeschlagen werden und man sieht: Das Kind hat eine Faust gemacht, und dadurch ist das Händchen um die entscheidenden Millimeter zu dick gewesen. Als es dann die Faust öffnet, kommt eine Geldmünze, die das Kind wohl auf dem Grund der Vase entdeckt hatte, zum Vorschein. – Eine Symbolgeschichte, welche die Frage an uns stellt: Wie viel im Leben geht kaputt, weil ein Mensch verkrampft an etwas oder jemandem festhält und glaubt: Das ist es; das bringt es; das muss unbedingt sein. Anders gesagt: Es könnte in einer Beziehung in kritischen Augenblicken weiterführend sein, sich zu fragen: Sind wir gerade dabei, etwas Kostbares zu zerschlagen, nur weil wir nicht von einer Idee, einem Wunsch lassen können?
Wer aus der Verkündigung des christlichen Glaubens lebt, dem kann ins Bewusstsein kommen, wie die Menschen-Liebe Gottes in Christus im Brief an die Philipper als Lassen-Können dargestellt wird: »Er, Christus, der in Gottes Gestalt war, hielt nicht an seiner Gottgleichheit fest wie an einem Raub, sondern

er entäußerte sich und wurde wie ein Sklave, den Menschen gleich« (Phil 2,6 f.). Man muss sich fragen, wie Paulus überhaupt auf ein solches Bild kommt, aber er gebraucht es: Gott klammert sich nicht an sich selber fest. Er ist Liebe, die sich verschenkt. Lieben heißt, die Lebensbedingungen des Geliebten teilen wollen, um ihm nahe sein zu können.

Gute Kompromisse

Ich denke an eine andere »Heimatgeschichte«, die von einer alltäglichen Form des Verzichtes erzählt und die oft genug den Beziehungsalltag prägt. Nachdem ich gerade etwas geballt vom Leid mancher Familie und von vielen Ehescheidungen gehört hatte, fragte ich, was das sei, eine glückliche Ehe, und ob es das überhaupt gäbe. Als Antwort kam wie aus der Pistole geschossen: »Ja weißt du, wenn du nicht bereit bist, Kompromisse zu schließen, dann brauchst du so etwas wie eine Ehe erst gar nicht anzufangen.« Die Promptheit und Entschiedenheit der Antwort beeindruckte mich.

Sicher gibt es die berüchtigten »faulen Kompromisse«, durch die letztlich niemandem gedient ist. Es gibt aber auch gute Kompromisse. Um ausgesprochen gute handelt es sich, wenn durch die Kombination von Wünschen und Vorstellungen verschiedener Menschen sogar noch mehr und Besseres herauskommt, als wenn man nur *einen* Wunsch zum Maßstab genommen hätte. Und es können gute Kompromisse sein, wenn ein Teil oder beide Teile auch ein Stück weit auf etwas verzichten müssen, aber doch auch Wichtiges anbringen und bekommen können.

Es sei hinzugefügt: Die Kompromisse sind nicht nur

für das Leben zwischen einzelnen Menschen wichtig, sondern auch in Gemeinschaften und in der Gesellschaft. Demokratie funktioniert nicht ohne ein hohes Maß an Askese, an Verzichtfähigkeit, an Kompromissfähigkeit.

Freigeben und Ohnmacht des Liebens

Freiheit – vor allem wenn man sie für sich selber in Anspruch nimmt – steht hoch im Kurs. So etwa bei jener Tochter, die an ihre Tür den Spruch klebte: »Ich lasse mir nicht erlauben, was man mir nicht verbieten kann« – gemeint als Signal an die Eltern: Wie kommt ihr dazu, mir etwas »gnädig zu erlauben«, bei dem ihr gar nicht das Recht habt, es mir zu verbieten?!
Freiheit und Toleranz sind große Worte, aber gar nicht so leicht zu leben, vor allem wenn sie nicht nur für sich gefordert werden, sondern wenn man sie anderen gewähren soll. Die Kehrseite von wirklichem Freilassen ist die Einwilligung in eine gewisse Ohnmacht. Ich verzichte darauf, den anderen zu erpressen bzw. zu verführen. Ich lade ein, locke, argumentiere, fordere heraus – aber ich lasse frei und manipuliere nicht. Es ist nicht die schlechteste Beziehungsübung, sich zu fragen: Was sind meine Verführungskünste? Wie erpresse ich und mache Angst? Und wie lade ich ein und versuche zu überzeugen?
In einem Gedicht von Rainer Maria Rilke spiegelt sich das Wissen um die Not und Notwendigkeit des Freigebens:

Denn das ist Schuld, wenn irgendeines Schuld ist:
Die Freiheit eines Lieben nicht vermehren
Um alle Freiheit, die man in sich aufbringt.

Wir haben, wo wir lieben, ja nur dies:
Einander lassen; denn dass wir uns halten,
das fällt uns leicht und ist nicht erst zu lernen.

Im Blick auf manche Unverbindlichkeit und Unfähigkeit zu echtem Zusammensein könnte man fragen, ob wir nicht auch zum Halten und Einhalten unfähig geworden sind und es nur noch zu flüchtigen Berührungen reicht. Und doch stimmt es, dass es schwer ist, einander Freiheit zu schenken. Und zwar jene Freiheit, die nicht daher rührt, dass der andere mir im Grunde egal ist. Gemeint ist jenes Freigeben, das dem anderen Raum zum Wachsen gewährt, auch dort, wo mir seine Wege unverständlich sind und wehtun. Gemeint ist jene Freiheit, die in Beziehung zu bleiben versucht.

In einem Gebet der Messe heißt es: »Gott, unser Vater, dein Sohn hat uns von dir Kunde gebracht. Er hat uns erkennen lassen, wie du bist: groß in deiner Huld für deine Geschöpfe. Gewaltig in deiner Hoheit, wehrlos in deiner Liebe ...« – Wehrlos in deiner Liebe. Man könnte auch sagen: ohnmächtig in deiner Liebe. Wo freilich die Ohnmacht aus Liebe erwächst, ist sie dann doch vielleicht die stärkste Macht.

6. Die Liebe lebt von Wachstum und Wandlung

»Deinen Tod, o Herr, verkünden wir und deine Auferstehung preisen wir, bis du kommst in Herrlichkeit«

Vor Jahrzehnten hat Lothar Zenetti, Priester und Autor vieler geistlicher Impulse, einen etwas provozierenden Text mit dem Titel »Inkonsequent«[4] veröffentlicht:

Frag hundert Katholiken, was das Wichtigste ist in der Kirche.
Sie werden antworten: die Messe.
Frag hundert Katholiken, was das Wichtigste ist in der Messe.
Sie werden antworten: die Wandlung.
Sag hundert Katholiken, dass das Wichtigste in der Kirche die Wandlung ist.
Sie werden empört sein: Nein, alles soll bleiben, wie es ist.

Wortspielerisch, spitz und zum Nachdenken einladend stellt der Text die Frage: Ist nicht der Kontrast bedenkenswert, dass als Höhepunkt der Messe die »Wandlung« angesehen wird und gleichzeitig im so genannten wirklichen Leben uns oft die Angst vor Änderung, vor Wandlung beherrscht? Früher – manchmal auch heute noch – wurde durch das Läuten mit den Ministrantenglocken auch der letzte müde Messbesucher aufgeweckt: Wach auf, sei aufmerksam! Wir gedenken jetzt des zentralen Dramas allen menschlichen Lebens: Es geht um Leben und Tod. Und es geht darum, dass Jesus bezeugt: Es gibt eine Weise, Leben festzuhalten, wodurch wir das Leben verlieren. Und es gibt eine Weise, Leben loszulassen, wodurch wir es erst wirklich und endgültig gewinnen. Nach dem Zeugnis der Bibel geschieht dies, wenn jemand liebt bis zum Letzten: »Es gibt keine größere Liebe als wer sein Leben gibt für seine Freunde«; manchmal sogar für die Feinde: »Vater, verzeih ihnen, denn sie wissen nicht, was sie tun!« Dies ist das Wort des gekreuzigten Jesus, das Hass überwindet. Und vielleicht kann man erahnen, dass ein solches Sterben auch den Tod überwindet. Solches Sterben ist Auferstehung, weil es Liebe ist: »Wir wissen, dass wir aus dem Tod in das Leben hinübergegangen sind, weil wir die Brüder lieben. Wer nicht liebt, bleibt im Tod« (1 Joh 3, 14).

Miteinander wachsen wollen

Verstehen wir unsere Beziehung so, dass wir miteinander und aneinander lernen wollen? Wenn dem so ist, so ist damit eine der besten Voraussetzungen für eine gute Beziehung gegeben. Dann kann jede Krise zu einer Chance, zu einer Geburtskrise werden. Antoine de Saint-Exupéry drückt die Notwendigkeit von Wandlung einmal in einem dichten Text aus:
»Ich sage dir: Es gibt keine göttliche Amnestie, die dir das Werden erspart. Du möchtest sein: Du wirst nur in Gott sein. Er wird dich in seine Scheune einbringen, nachdem du langsam durch deine Handlungen geworden und geknetet sein wirst; denn der Mensch braucht lange zum Geborenwerden.«

Lange braucht der Mensch zum Geborenwerden! So lange, wie das Leben dauert. Lieben heißt, mit einem Menschen alt werden wollen. Und es beinhaltet von Anfang an auch das Wissen um den Schmerz des Abschieds. Es ist bewegend zu sehen, wenn ein Partner, eine Partnerin stirbt und der zurückgebliebene Teil trauert. Es ist aber auch schön, zu sehen, wenn eine neue, geheimnisvolle Beziehung mit einem Verstorbenen, der in Gott lebendig ist, wächst. Ein Text von Bernhard Langenstein spricht von diesem Vorgang schmerzlichen Abschieds und neuer Hoffnung:

Wenn die einmal sterben,
die mir lieb sind,
dann gib mir den Mut,
sie dir in die Hände zu legen
wie letzte, äußerste Gaben.
Und dann gib mir die Kraft,
zu hoffen mit glühender Hoffnung
über alle Grenzen hinweg,
dass du am Morgen eines neuen Lebens
mir begegnest mit allen,
die ich in dich verlor.

Anders als gedacht

Sterben kennt alltägliche Stufen und Vorstufen. Etwa wenn sich Bilder, die man sich von jemandem gemacht hat, ändern. Ein paar starke Erlebnisse, einzelne Eindrücke haben genügt, um sich ein Bild vom anderen zu machen. Und dann merkt man zu spät, dass es unklug war, mit jemandem eine intensive Beziehung einzugehen.

Die Folgen solcher Täuschungen sind freilich oft nicht leicht zu verkraften oder auszubügeln. Man

kann einen Menschen nicht einfach irgendwo an der Garderobe abgeben oder umtauschen.
Es gibt manchmal tief greifende Änderungen, die auch für Menschen, die sich gut gekannt haben, wichtig und schwierig werden können: Jemand verfällt in eine Depression, wird durch einen Unfall an den Rollstuhl gefesselt, häuft durch verhängnisvolle finanzielle Risikogeschäfte gewaltige Schuldenberge auf. Was dann?
Nicht selten ergibt sich auf dem menschlichen Entwicklungsweg auch eine Ungleichzeitigkeit des Reifens und führt damit zu Spannungen in der Beziehung. Da bedarf es großer Aufmerksamkeit und Rücksichtnahme, dass man sich auf dem Weg nicht aus dem Blick verliert, sondern in Rufnähe bleibt. Menschlicher Wandel ist nicht einfach zu synchronisieren. Aber genau diese Ungleichzeitigkeit im Wachsen kann zur gegenseitigen Herausforderung und Bereicherung dienen.

Spannend leben

»Wer mir nachfolgen will, nehme täglich sein Kreuz auf sich!« Dies ist eines der ganz steilen Worte der Heiligen Schrift und sicher nicht in seiner Extremform für den Alltag gedacht: Beziehung wird nicht als andauerndes Martyrium konzipiert. Vielleicht ist eine gute Übersetzungsmöglichkeit: »Nehmt eure täglichen Spannungen auf euch!« – dann wird euer Leben spannungsvoll und spannend. Dann wird euch die »tägliche Spannung« nie ausgehen.

- Lebe die Spannung zwischen Beruf und Familie.
- Lebe die Spannung zwischen euren unterschiedlichen Charakteren.

- Lebe die Spannung zwischen Jung und Alt in der Familie, am Arbeitsplatz, wo auch immer. Das hält jung und das macht weise.
- Halte die Spannung vieler Unsicherheiten durch.
- Verliere nicht den Glauben, dass eine wirklich durchlebte Krisensituation neue Chancen in sich birgt.
- Bewege dich im Zwischenraum zwischen euren Träumen, Idealen, Hoffnungen und der alltäglichen Realität. Stehe zu beidem. Werde nicht zum enttäuschten Realisten.

Das »tägliche Kreuz« als »alltägliche Spannung« verstanden, ist damit vielleicht ein wenig in die Alltäglichkeit hereingeholt und dabei doch nicht einfach eingeebnet worden. Es ist von der Steilwand des Liebens in einen Anstieg verwandelt worden. Es genügt die tägliche Bereitschaft, miteinander einen Berg zu besteigen, den Lebensberg. Ein Auf und Ab. Ein Hin und Her. Geröllfelder. Abschüssige Stellen. Herrliche Aussichten. Nebelfelder. Verstauchte Gelenke. Neue Routen. Verschiedene Reaktionen auf wechselnde Wetterlagen. So ein Weg ist spannend. – »Nehmt eure täglichen Spannungen auf euch!« Vielleicht kann man das auch in die Einladung abwandeln: »Nehmt eure tägliche Liebe auf euch!«

Sicherheitshaken

Um beim Bild vom Berg zu bleiben. Wenn der Weg wirklich steil wird, dann braucht es auch Haken, die man einschlägt. Dies könnten Fragen sein wie:

- Brauchen wir eine Pause?
- Was will uns das Leben wieder zum Lernen geben?
- Was haben wir doch schon alles miteinander durchgemacht!?

- Müssen wir eine etwas andere Route wählen?
- Wo liegen unsere Kräfte und Reserven, die uns weiterhelfen?
- Welcher Traum hat uns auf den Weg gebracht?
- Was oder wer kann uns jetzt helfen?

»Einer trage des anderen Last ...«

Es gibt immer viele hilfreiche Kurzformeln. Die biblische Rede vom Weg mit Jesus, ja die ganze Botschaft Jesu Christi, wird einmal im Brief an die Galater mit dem Wort zusammengefasst: »Einer trage des anderen Last, so erfüllt ihr das Gesetz Christi« (Gal 6,2). Von dem Radioprediger und geistlichen Schriftsteller Peter Lippert wird erzählt, wie er einmal auf einem Spaziergang einem Mädchen begegnete, das einen Buben auf dem Rücken trug. Ermutigend und mit Bewunderung in der Stimme sagt er zu ihr: »Da trägst du aber eine Last!« Darauf das Mädchen prompt: »Das ist keine Last. Das ist mein Bruder!« Eine gute Geschichte für einen Prediger. Als ich allerdings die Geschichte einmal in einer Predigt erzählte, kam nachher eine Frau zu mir und sagte: »Herr Pater, mein Bruder ist aber eine Last!« Dies gilt es zu akzeptieren. Aber auch die gute Doppel-Botschaft der ersten Christen: »Einer trage des anderen Last, so erfüllt ihr das Gesetz Christi.« Jesus weiß um diese Spannung, um das Kreuz des Nächsten. Aber er sagt, wenn die Last des Nächsten in seinem Geiste getragen wird, dann gilt: »Meine Last ist leicht« (Mt 11,30). Für das »alltägliche Kreuztragen« gilt beides: Es kann etwas gleichzeitig belastend sein und doch in der Tiefe leicht, weil die Last in und aus Liebe getragen wird.

7. Die Liebe lebt vom Einswerden

Kommunion: Der Mensch ist, was er isst

Das Wort »Der Mensch ist, was er isst« ist vieldeutig: Es kann sehr materialistisch gedeutet werden: Wir bestehen aus Wasser, aus verschiedenen Materialien, die wir in der Nahrung zu uns nehmen. Es gilt aber genauso das Wort Jesu: »Der Mensch lebt nicht vom Brot allein, sondern von jedem Wort, das aus dem Munde Gottes kommt« (Mt 4,4). Als sich die Jünger einmal wundern, dass Jesus nichts isst, und ihn fragen, ob er etwas zu essen bekommen habe, antwortet er: »Ich habe eine Speise, die ihr nicht kennt. Meine Speise ist es, den Willen dessen zu tun, der mich gesandt hat« (Joh 4,32–34).

Wovon lebe ich? Was ist meine Speise? Die Antwort der Eucharistie lautet: Wir leben vom Brot und Wein der Liebe Gottes.

Wenn »Kommunionkinder« am Tag der »ersten heiligen Kommunion« mit weißen Kleidern, dunklen Anzügen und Kerzen zur Kirche gehen, lassen sie nach außen hin und bei den zum Fest geladenen »ungläubigen Verwandten« etwas von der Bedeutung dieses Geschehens erahnen. Die Kommunion wurde und wird als ein Höhepunkt im christlichen Leben und auch als ein Höhepunkt der Eucharistie angesehen. Brot und Wein, über die in der Eucharistie Segensworte und Wandlungsworte gesprochen werden, werden in besonderer Weise als Ausdruck der Liebe und Nähe Gottes geglaubt und immer wieder auch erlebt. Man kann sagen, dass diese Sicht und dieses Erleben des Glaubens dem Selbstverständnis und der Verkün-

digung Jesu entspricht. Er sah sich als den »Hochzeitslader« Gottes, der das Reich Gottes immer wieder mit dem Bild des Festmahles und der Hochzeit verglichen hat. Und im Zugehen auf das letzte Mahl mit seinen Jüngern sagt er: »Ich habe Sehnsucht danach, dieses Mahl mit euch zu essen.«
Für die Jünger und Jüngerinnen Jesu wurde dieses Mahl nach Jesu Tod zur zentralen wöchentlichen Feier. In ihr feierten sie ihren Glauben und die bleibende Präsenz Jesu Christi. Wie ein Kuss, ein Wort, eine Berührung, ein Geschenk, ein Erinnerungszeichen zum Ausdruck wirklicher Liebe eines wirklichen Menschen werden kann, so ist Christus für die Seinen in der Kommunion, im Kommunizieren gegenwärtig: »Dies ist mein Leib! Dies ist mein Blut! – Dies bin ich für euch!« Das ist seine Botschaft: Ihr lebt von mir! Er ist Lebendigkeit für uns. In ihm ist uns die Nähe Gottes geschenkt. Kommunion ist der Ausdruck innigster Gemeinschaft. In gewissem Sinn ist Speisen das Bild innigster Vereinigung. Es sagt nicht nur: Wir sehen uns, wir berühren uns, sondern: Ich lebe von dir und du lebst von mir, wir leben voneinander. Wir sind einander Speise. Und so bilden wir eine Lebensgemeinschaft miteinander.

Gemeinschaft: Nebeneinander oder mehr?

Es gibt andere Modelle von Gemeinschaft, die es zu sehen gilt, weil sie unser Leben ausmachen bzw. mitbestimmen. Franz Kafka beschreibt einmal, wie einige Männer, einer nach dem anderen, aus einer Haustür treten und nebeneinander stehen bleiben. Grund und Ausdruck der Gemeinschaft ist nur dies, dass da ein paar Leute aus der gleichen Haustür kommen und nebeneinander stehen. Nicht nichts, aber keineswegs das Bild von »erfüllter Gemeinschaft«. Ein bloßes Nebeneinander. Bei einer Zufallsgruppe erträglich. Bei Menschen, die ein Leben miteinander leben wollen, unerträglich.

Nach Arthur Schopenhauer ist es mit der menschlichen Gesellschaft so wie mit Stachelschweinen im Winter. Da sie frieren, rücken sie immer näher aneinander, um sich zu wärmen. Aber je näher sie zusammenrücken, desto mehr beginnen die Stacheln unangenehm, ja schmerzhaft zu piksen, und sie rücken wieder auseinander. Und so besteht das Spiel der Gemeinschaft darin, sich auf einen mittleren Abstand einzupendeln, der möglichst viel kuschelige Wärme und möglichst wenig Schmerz vermittelt. – Wer wird bei diesem Vergleich nicht schmunzeln und einiges von den »real existierenden Gemeinschaften« darin erkennen können?

Der Münchner Religionsphilosoph Franz von Baader (1765–1841) veröffentlichte einen Artikel mit der Überschrift: »Darüber, dass alle Menschen untereinander Anthropophagen sind« (auf Deutsch: »Menschenesser«) – im bösen und im guten Sinn. Im bösen Sinn, so wie es in der Bibel einmal heißt: Passt auf, dass ihr nicht einander auffresst. Menschenesser aber auch im guten Sinn: Der Mensch lebt vom Menschen. Die eigentliche Speise des Menschen ist der Mensch.

Ich denke an einige Frauen in einem christlichen Heim für behinderte, meist alte Christen und Muslime. Es wird von Schwestern geleitet und liegt im biblischen Emmaus, in der Nähe von Jerusalem. Zu einem großen Teil haben diese Menschen grausame Lebensschicksale: aufgewachsen in einer leeren Zisterne, einer Höhle, in einem Hühnerstall – bis das

Gackern zur einzigen Sprache wurde. Bis so jemand ins Leben »hineingeliebt« wird, dass er überhaupt leben und zurücklieben kann – das ist ein wahres Wunder. Und es zeigt: Der Mensch lebt vom Menschen.
Es könnten gute Gespräche sein, wenn sich Menschen, die sich nahe stehen, mitteilten, wie sie ihre Gemeinschaft erleben und sehen; welche Bilder ihnen kommen; wer sie füreinander sind: Stachel? Brot? Leben? Herausforderung? Begleiter und Begleiterin? Lebens-Mittel? Welche Kennzeichnung verdient die Beziehung: Zweckbündnis? Arbeitsgemeinschaft? Familie? Scheinehe? Hörigkeit? Verliebtheit? Liebe?

Das Wunder des Wir

Irgendwann bildete sich in mir die Formulierung »Das Wunder des Wir« heraus. Sie drückt die Erfahrung aus, dass das »Wir« als Ausdruck von Gemeinschaft und Einheit das wunderlichste und wunderbarste Wunder ist, das es gibt. Wie kann dieses geschehen? Wie kann es sein, dass zwei eins sind? So eins, dass Jesus sagt: »Und die zwei werden ein Fleisch sein!« Wo doch Menschen so verschieden denken, fühlen, urteilen, empfinden! Wo wirkliche Beziehung, Begegnung, Einswerdung geschieht, da geschieht ein Wunder, das »Wunder des Wir«.
Roger Garaudy, Philosoph, umjubelter Redner bei Parteitagen der kommunistischen Partei Frankreichs – in den 70er Jahren bekannt geworden im christlich-marxistischen Dialog – erzählt in seinem Buch »Menschenwort« von einer Begebenheit, die paradoxerweise in einer Situation der Trennung Brot und Wein und liebende Nähe zusammenbringt.

Garaudy hielt bei einem Parteitag eine Rede. Dabei verurteilte er den Einmarsch der Russen in die Tschechoslowakei. Nach seiner Rede herrschte eisiges Schweigen. Wie benommen ging er ins Freie und versuchte die Journalisten, die sich wie Jagdhunde auf seine Fährte begaben, abzuschütteln. Schließlich stand er, immer noch ganz in sich selber und in seinen Gedanken und Empfindungen versponnen, vor einem ihm wohl bekannten Haus: dem Haus, in dem er mit seiner Frau, von der er sich vor 25 Jahren getrennt hatte, gewohnt hatte. Er erzählt:
»Wie ein Schlafwandler stieg ich die Treppen hinauf. Kaum habe ich angeklopft, öffnet sich die Tür, so als hätte man, Hand auf der Klinke, mich bereits erwartet. Ich sehe, dass der Tisch für zwei gedeckt ist, und plötzlich wird mir die Ungeheuerlichkeit meines Verhaltens klar. Ich trete zurück.
›Verzeih, du erwartest sicher jemanden?‹
›Ja, ich erwarte jemanden, nämlich dich. Ich habe vorhin deine Rede im Rundfunk gehört, und dann dieses tödliche Schweigen. Ich war sicher, dass du nur hierher kommen konntest. Komm herein und sieh dich um: Ich glaube, ich habe den Wein, den du vor 25 Jahren mochtest, nicht vergessen und auch das Roggenbrot nicht.‹
Wir schwiegen, während wir aßen.«
Nach einer Stunde des Mahles gibt er der Frau einen Kuss auf die Stirn und geht. Und er schreibt: »Das Wunder der Liebe, das in diesem Warten gelegen hatte, diese geheimnisvolle Klarsichtigkeit, gerade als das Leben einen Wendepunkt nahm, ein Rendezvous mit dem Schicksal einging: das war der Triumph des Lebens über den Tod. Dass es dies in einem einzigen Wesen geben konnte, wog die Kapitulation tausend

anderer auf. Es war noch möglich zu leben ... Mein Leben wird weiterhin einen Sinn haben.«

Wird in diesem Erlebnis nicht etwas vom »Wunder des Wir« sichtbar – selbst noch in der Situation der Trennung? Und wird nicht ein Stück weit etwas vom Sakrament der Liebe, das im Medium von Brot und Wein, in der Kommunion, geschieht, erahnbar?

8. Die Liebe lebt von Dienst und Sendung

Gesegnet, um Segen zu sein

»Es regnet, Gott segnet die Erde!« Wer lastende Schwüle und austrocknende Dürre erfahren hat und auf den Schrei des »dürren und lechzenden Landes« hören kann, der wird Segen und Regen in einem ursprünglichen Zusammenhang erleben und sehen können. Neben den geschichtlichen Heilstaten Gottes wie der Befreiung aus Ägypten ist der »Segen« eine zweite Weise, wie in der Bibel Zeichen des Leben liebenden Gottes wahrgenommen und bezeichnet werden. Mit Segen ist alles gemeint, was Leben und Lebendigkeit bedeutet: Nahrung und Viehherden und Land und Nachkommen und liebende Menschen und Freunde und eine gute Rechtsordnung. Die Vorstellung von einem guten Leben und Sterben ist, »lebenssatt« und erfüllt vom Gott-geschenkten Erdenleben »das Zeitliche zu segnen« und an die versammelte Sippe und Familie einen letzten Segen zu geben.
Wenn am Schluss der Eucharistie ausdrücklich der Segen über die Teilnehmenden gesprochen und »herabgerufen« wird, dann ist damit ein Dreifaches gesagt: Zum einen, dass allen die Gaben eines reichen Lebens geschenkt sein mögen. Zum anderen, dass die eigentliche Gabe Gott selber und seine Zuwendung ist. Und schließlich, dass wir gesegnet sind und somit für andere Segen sein können und sollen.
Am Ende der Eucharistie wird nicht gesagt: Es ist so schön miteinander und wir bleiben jetzt beieinander, sondern: Geht und bringt Frieden! Seid Friedensstif-

ter! Umsonst habt ihr empfangen, umsonst sollt ihr geben! Ihr seid nicht zur Sterilität, sondern zur Fruchtbarkeit berufen! Zur Fruchtbarkeit in eurer Beziehung, aber auch darüber hinaus.
Dieser Blick über die Gruppe, die Eucharistiegemeinschaft hinaus wird im Segen sicher auf eigene Weise deutlich. Sie ist aber in der ganzen Messe gegenwärtig: im Bekenntnis, an Menschen schuldig geworden zu sein; in manchen wirklichkeitsträchtigen Lesungen, die fast eins zu eins die Wirklichkeit unserer Welt zur Sprache bringen; in den Fürbitten für unsere Zeit; im Hinweis auf die Opfergaben, die als »Früchte der Erde und menschlichen Arbeit« bezeichnet werden; in der Wandlung, in der die Liebe Gottes gefeiert wird, die sich in Jesus hingibt »für das Leben der Welt«, nicht nur für ein paar Eingeweihte.
Es ist erstaunlich, dass im letzten Jahrzehnt der Sinn für Segen und Segnen wieder gewachsen ist, durchaus nicht nur im bäuerlich-christlichen Milieu. Ob sich darin ein Gespür zeigt für die Botschaft der Eucharistie: Liebe ist gesegnet und soll ein Segen sein?!

Freude und Angst der Menschen

Es gibt einen ansprechenden und ausdrucksstarken Text aus der Pastoralkonstitution des Zweiten Vatikanischen Konzils. Unter der Überschrift »Die Kirche in der Welt von heute« (Nr. 1) wird gesagt, dass Solidarität mit der Welt Mitfreude und Mitleiden bedeutet:
»Die engste Verbundenheit der Kirche mit der ganzen Menschheitsfamilie.
Freude und Hoffnung, Trauer und Angst der Menschen von heute, besonders der Armen und Bedräng-

ten aller Art, sind auch Freude und Hoffnung, Trauer und Angst der Jünger Christi. Und es gibt nichts wahrhaft Menschliches, das nicht in ihrem Herzen seinen Widerhall fände. Ist doch ihre eigene Gemeinschaft aus Menschen gebildet, die, in Christus geeint, vom Heiligen Geist auf ihre Pilgerschaft zum Reich des Vaters geleitet werden und eine Heilsbotschaft empfangen haben, die allen auszurichten ist. Darum erfährt diese Gemeinschaft sich mit der Menschheit und ihrer Geschichte wirklich engstens verbunden.«

Diese Worte sind ein Signaltext für das Leben von Christen in dieser Welt. Er kennzeichnet den Menschen als einen verantwortlichen Menschen. Als einen, der die Frage Gottes »Wo ist dein Bruder Abel?« nicht wie Kain mit der Bemerkung ablehnt: »Bin ich denn der Hüter meines Bruders?!« – Das Leben Jesu wird zurecht als »Pro-Existenz« gekennzeichnet, d.h. als »Dasein-für«. Darin erfüllt sich sein Leben und seine Botschaft. Wer nur in sich selber und für sich selber existiert, der ist letztlich »in-existent« und spielt nicht das Leben der Beziehung mit.

Ihr seid ein lebendiger Brief!

Es gibt so viele geschriebene und geredete Worte. Die wirksamsten sind jene, die durch das Leben gedeckt sind. Dies führt Paulus dazu, einmal an die Gemeinde von Korinth zu schreiben: »Ihr seid ein lebendiger Brief!« Wovon lernen Kinder mehr als vom gelebten Beispiel und Vorbild der Eltern, der Lehrer und befreundeter Menschen? Sicher schwingt da manche Idealisierung mit. Und es ist ein großer Reifungsschritt, auch in Menschen, bei denen man Grenzen

und Schwächen entdeckt, Helfer, Begleiter, Wegweiser, Freunde sehen zu können.
Das Wort vom »lebendigen Brief« könnte auch auf den einzelnen Menschen hin abgewandelt werden: Jeder Mensch ist eine Botschaft, ist eine gute Nachricht für die Welt. Dies lässt sich auf jeden Fall von der Perspektive des biblischen Glaubens her sagen: Der Mensch ist durch Gottes Wort geschaffen und beim Namen gerufen. Die Schöpfung selber ist Wort Gottes. So wie es von den Bergen heißt, dass sie die Herrlichkeit Gottes verkünden, so gilt von jedem Menschen, dass er ein Wort Gottes ist, das zu den Menschen gesagt ist. In diesem Sinne ist jeder Mensch missionarisch: Durch sein Tun, durch seine Worte und nicht zuletzt durch seine E-mission, d.h. durch seine Ausstrahlung. Welche Botschaft bin ich für andere, für dich? Welche bist du für mich? Welche möchten wir sein? Dies könnten Fragen für eine persönliche Besinnung und für Gespräche unter »Botschafterinnen und Botschaftern des Lebens« sein.

Zeugen und Zeugnis

»Vater werden ist nicht schwer, Vater sein dagegen sehr«, sagt der Volksmund. Man könnte auch sagen: Leben zu zeugen ist leicht, die Verantwortung, die daraus erwächst, zu übernehmen und Zeugnis von wahrer Lebendigkeit zu geben kann schwieriger sein. Ich erinnere mich an ein Erlebnis, das auf sehr deutliche Weise von gelebtem Zeugnis erzählt. Ein mir bekannter junger Priester, der aus einem der damaligen Ostblockstaaten stammte, erzählte von einem Ingenieur in seiner Heimat, der nur als Handwerker arbeiten durfte. Der Grund dafür war, dass er sich weigerte, in die kommunistische Partei einzutreten. Der Priesterstudent fragte ihn: »Warum trittst du nicht in die Partei ein? Das ist doch bloß der Form halber. Und das wissen doch alle. Du könntest dann doch viel besser für deine Familie sorgen und im Übrigen weiß doch Gott, dass du deine christliche Überzeugung nicht verrätst!« Darauf antwortete der Mann kurz und entschieden: »Ja, Gott weiß es schon – aber wissen es auch meine Kinder?!«

Wofür bin ich Zeuge und Zeugnis? Wofür schäme ich mich, Zeugnis zu geben? Wofür suche ich Zeugen und Zeuginnen?

Bereit für Fruchtbarkeit

Sicher ist ein Kind, sind Kinder der natürlichste Ausdruck für Fruchtbarkeit, und eine grundsätzlich kinderfeindliche Gesellschaft ist wohl menschenfeindlich überhaupt. Aber es geht bei »Fruchtbarkeit« nicht allein um Probleme der Zukunftssicherung, der Überbevölkerung, der Frage von verantworteter Elternschaft oder Empfängnisverhütung. Eigentlich geht es um die Frage: Wie verhält es sich mit meiner, mit unserer Fruchtbarkeit? Was bedeutet mir Fruchtbarkeit überhaupt? Was sollten Früchte meines Lebens sein? Habe ich die Sehnsucht, dass mein Leben fruchtbar sei – für mich selber, für andere? Lebe ich im engen Kreis meiner selbst bzw. leben wir einen «Egoismus zu zweit«, wie man manchmal kritisch formuliert? Bin ich offen für die Welt? Mit der Geburt sind wir »zur Welt gekommen«. Aber dieses »Zur-Welt-Kommen« endet erst mit dem Sterben.

Es gibt viele Weisen, zur Welt zu kommen, fruchtbar zu werden und da zu sein »für das Leben der Welt«, wie dies von Jesus gesagt ist: Gastfreundschaft pflegen, neugierig die Welt kennen lernen, Bekanntschaften und Freundschaften pflegen, sich provozierenden Erfahrungen aussetzen, sich beruflich einsetzen, ehrenamtliche Dienste tun, sich in der politischen und/ oder kirchlichen Gemeinde engagieren.

Sicher liegt hier immer wieder auch die Gefahr, sich zu verausgaben bis zum Herzinfarkt. Eine eheliche Beziehung, jede Freundschaft braucht, damit sie gelebt wird, ein gutes Mindestmaß an gepflegtem Miteinander. Betont sei das Wörtchen »gepflegt«. Es geht nicht um ein zeitliches Maximum an Gegenwart, sondern um eine »qualifizierte Präsenz«. Zu dieser »qualifizierten Präsenz« kann gehören, dass man einander teilhaben lässt an dem, was der andere tut und was ihm wichtig ist. Sicher braucht nicht der ganze Schutt und Müll, der sich manchmal in den verschiedenen Aufgaben aufstaut, täglich abgeliefert zu werden. Aber doch gehört es auch zu einer wirklichen Lebensbeziehung, dass man gelegentlich Mülleimer ist füreinander.

Es ist nicht die schlechteste Idee, wenn Kinder, wenn Eheleute einmal an den Arbeitsplatz der Eltern bzw. des jeweiligen Partners gehen und sich einiges zeigen lassen, falls dies möglich ist. Nirgendwo verbringt jemand so viel Zeit am Stück wie an seinem Arbeitsplatz, jedenfalls solange er noch am »Arbeitsleben« teilnimmt.

Ein liebevolles Miteinander kann als eine große Stütze dienen, die Herausforderungen in der Welt von heute zu leben. Ob jemand – in der biblischen Sprache gesprochen – sein Leben mehr »marianisch« unauffällig und in kleinerem Kreise lebt oder »paulinisch« in der weiten Welt wirkt, ist zweitrangig. Es kommt wohl nur darauf an, wie es Martin Buber einmal sagt: »Habe ich mich vorenthalten?« Haben wir uns bloß verausgabt oder sind wir Gabe füreinander gewesen?

Die Messe des Lebens

Früher hieß es am Ende der Eucharistiefeier: »Ite missa est«. Dies bedeutete zunächst einfach: Die Messe ist jetzt zu Ende. Bald wurde dies aber ausgedeutet im Sinne von: Geht, jetzt ist Messe. Jetzt wird die Messe des Lebens gefeiert. Jetzt soll durch euer Leben sichtbar werden, was hier im heiligen Ritus gefeiert wurde. Lebt das Evangelium. Ihr seid die Stadt auf dem Berg. Das Licht der Welt. Lasst die Menschen eure guten Taten sehen, damit sie euren Vater im Himmel preisen.

Der Jesuit Alfred Delp, der wegen seiner aufrechten Haltung gegenüber dem Dritten Reich zum Tod verurteilt wurde, schrieb einmal: »Wenn durch einen Menschen ein wenig mehr Licht in die Welt gekommen ist, dann hat es sich zu leben gelohnt«.

9. Die Liebe lebt vom Üben

Zeiten, Zeichen, Zonen

Mancherorts kann man noch das halbe Dorf, einen Teil der Verwandtschaft, Nachbarn, Kameraden beim sonntäglichen Gottesdienst treffen. Am Sonntag zur Kirche zu gehen war üblich, war Brauch und ist es, einigermaßen reduziert und auf bestimmte Festtage konzentriert, weiterhin. Die Kirche kennte Bräuche verschiedenster Art und sie lebt davon: von Sonntagen und Werktagen, von Weihnachten und Ostern, von Heiligenfesten und Namenstagen, vom Zug der Sternsinger und von den Lichtern am Adventskranz, von Taufe, Hochzeit, Beerdigung und dem Sakrament der Versöhnung.

Die Feier der Eucharistie ist in besonderer Weise durchwirkt von Gesten und Bräuchen und heiligen Riten: der Bereitung von Brot und Wein, Lichtern und Liedern, Kreuzzeichen und Segensgestus, Stehen und Knien, liturgischen Gewändern und Lesungen aus der Heiligen Schrift.

Wie es besonderer Zeiten und Zeichen bedarf, so auch eigener »Zonen«, d.h. besonderer Räume: die stille Kapelle, die Kirche, der Meditationsraum, früher oft der »Herrgottswinkel« bzw. das Kreuz oder ein religiöses Bild in einem Zimmer. Es gilt, Räume so einzurichten, dass ihre Atmosphäre hilft zu finden, was man sucht: Ruhe, Geborgenheit, Schlichtheit oder auch Feierlichkeit – Lebensraum, Gegenwart, Begegnung.

»Nach seiner Gewohnheit ... Der Herr der Bräuche«

Es ist nicht verwunderlich, dass es von Jesus heißt, dass er »nach seiner Gewohnheit« am Sabbat in die Synagoge ging. Er war aufgewachsen mit all den jüdischen Gebräuchen und Festen, Gebeten und Wallfahrten, die damals üblich waren. Die Gewöhnlichkeit ist für ihn die Plattform für das Ungewöhnliche: Plötzlich sprechen alte prophetische Texte wieder neu. Das »Immer-schon« wird zum »Jetzt«: »Heute haben sich diese Worte erfüllt.«
Manchmal, wenn es sein muss, überschreitet er unbrauchbare Bräuche: Wenn es die Jünger hungert, dann dürfen sie auch am Sabbat Ähren abreißen und die Körner essen. »Der Sabbat ist um des Menschen willen da, nicht der Mensch für den Sabbat!« Hier ist die Menschendienlichkeit von Bräuchen auf den Punkt gebracht. Die Formulierung gehört zu den Jahrtausend-Zitaten. Bräuche sollen dem Menschen dienen und auch die liturgischen Gewohnheiten – freilich in dem Sinn, dass sie den Menschen bereiten, disponieren für die Gegenwart Gottes und nicht für das bloße Kreisen um sich selbst in einer neuen Runde.

Wir brauchen Bräuche

Der Mensch braucht Bräuche wie das tägliche Brot. Es klingt überraschend und ist es dann doch nicht, wenn im Lexikon als Sprachwurzel für »Brauch« angegeben wird: Nahrung aufnehmen, verwenden, genießen. Die Urbitte »Und gib uns unser täglich Brot« heißt: Gib, was wir heute und jeden Tag zum Leben brauchen. Bei aller Hektik des heutigen Lebens gehören regelmäßige Mahlzeiten noch immer zu den üblichen Gewohnheiten. Und wer sich dagegen auf Dauer versündigt, lebt nicht lange gesund.

Auf eine hübsche Weise drückt in der Erzählung »Der kleine Prinz« von Antoine de Saint-Exupéry der Fuchs die Brauchbarkeit von Bräuchen aus:

»›Es wäre besser gewesen, du wärst zur selben Stunde wiedergekommen‹, sagte der Fuchs. Wenn du zum Beispiel um vier Uhr nachmittags kommst, kann ich um drei Uhr anfangen, glücklich zu sein. Je mehr die Zeit vergeht, umso glücklicher werde ich mich fühlen. Um vier Uhr werde ich mich schon aufregen und beunruhigen; ich werde erfahren, wie teuer das Glück ist. Wenn du aber irgendwann kommst, kann ich nie wissen, wann mein Herz da sein soll ... Es muss feste Bräuche geben.‹

›Was heißt fester Brauch?‹, fragte der kleine Prinz.

›Auch etwas in Vergessenheit Geratenes‹, sagte der Fuchs. ›Es ist das, was einen Tag vom anderen unterscheidet, eine Stunde von den anderen Stunden. Es gibt zum Beispiel einen Brauch bei meinen Jägern. Sie tanzen am Donnerstag mit den Mädchen des Dorfes. Daher ist der Donnerstag der wunderbare Tag. Ich gehe bis zum Weinberg spazieren. Wenn die Jäger irgendwann einmal zum Tanze gingen, wären die Tage alle gleich und ich hätte niemals Ferien.‹

So machte denn der Fuchs den kleinen Prinzen mit sich vertraut.«

Ob es nicht einer neuen »Kultur des Üblichen« bedarf? Oder kann Leben auf Gestaltung, Innen auf Außen, Sinn auf Ausdruck verzichten, ohne dabei belanglos, ja nichtig zu werden?

Ist Lieben eine Kunst?

Zu den großen Bestsellern gehört das Buch des Psychologen Erich Fromm, »Die Kunst des Liebens«. Fromm geht von der Tatsache aus, dass so viele Liebes-Beziehungen, Ehen, Lebenspartnerschaften auseinander gehen, und er fragt sich, woher dies komme, da doch so viele gute Voraussetzungen gegeben seien: Die beiden Menschen bedeuten sich etwas, sie entscheiden sich aus innerer Freiheit füreinander, sie glauben, »endlich« den verständnisvollen Lebenspartner gefunden zu haben, erfahren die Gemeinsamkeit im erotischen Begegnen, haben miteinander Kinder und wohl schließlich auch die Angst vor einer Trennung. Warum halten Liebes-Beziehungen nicht länger und öfter, wo doch so vieles zu verbinden scheint?

Zunächst stellt Fromm einige Missverständnisse klar: Das erste scheint ihm die Einstellung zu sein, Liebe bestünde vor allem darin, geliebt zu werden, und nicht so sehr darin, selbst zu lieben. Als Folge davon ergibt sich die angstvolle Frage: Wie werde ich liebenswert für jemanden? Männer scheinen dabei eher dazu zu neigen, sich durch Erfolg attraktiv und liebenswert zu machen, Frauen durch Schönheit. Das zweite Missverständnis: Liebe sei mehr ein »Objekt« und nicht eine Fähigkeit, also: Ich brauche nur den richtigen Partner, die richtige Partnerin, dann geht alles von alleine. Die dritte folgenreiche Verwechslung sei die von Verliebtsein und Liebe. Verliebtsein ist zunächst ein Phänomen des Anfangs. Lieben hat mit Dauer zu tun.

Auf diesem Hintergrund trifft Erich Fromm die Feststellung: »Der erste Schritt ... ist, sich klarzumachen, dass Lieben eine Kunst ist; wenn wir lernen

wollen zu lieben, müssen wir genauso vorgehen, wie wir das tun würden, wenn wir irgendeine andere Kunst, zum Beispiel Musik, Malerei, das Tischlerhandwerk oder die Kunst der Medizin oder der Technik lernen wollten.«
Im Teil über die »Praxis der Liebe« zählt dann Fromm einige Grundhaltungen und Einstellungen auf, die sehr nüchtern, alltäglich, menschlich klingen: Disziplin, Konzentration, Geduld, Aufmerksamkeit, Überwindung der Ich-Fixierung. Einübung ist immer wieder auch mühsam, aber es gilt, was Arnold Gehlen dazu sagte: »Gewohnheiten sind die Muskeln der Seele.« Wie Fitness-Training den Körper stärkt, so das Schaffen und Einüben von Gewohnheiten die Seele.

Lieben lernen: Übung, Zeichen, Bräuche

Der einfache Blick auf menschliche Realität zeigt die Bedeutung von Wiederholung, Einübung, Bräuchen, Gesten, Ritualen für menschliches Zusammensein.

- Sicher geht uns die Weihnachtspost manchmal auf die Nerven – aber wie viel Kontakte unterblieben und dünnten sich immer mehr aus, wenn es diesen Brauch nicht gäbe!
- Kann die Rose am Hochzeitstag – oder die Sonnenblume oder das Gänseblümchen – mehr als eine äußere Geste sein, kann sie nicht eine tiefere Botschaft ausstrahlen?
- Warum sollte sich ein Paar nicht jede Woche oder jeden Monat oder alle Vierteljahre bewusst ein paar Stunden, einen halben Tag, einen Tag ganz für sich allein nehmen?
- Warum nur der wöchentliche Hausputz und nicht pro Woche eine abendliche halbe Stunde für den

Seelenhaushalt, in der man miteinander auf die Woche zurück- und vorausschaut in Dankbarkeit und vielleicht auch mit dem Blick auf nicht so gelungene »Szenen einer Ehe«? Diese Regelmäßigkeit macht es leichter, Schwierigkeiten anzusprechen als immer zu warten, bis es nicht mehr anders geht.

- Die Einführung hilfreicher »Immers«: »Mein Mann macht Immer ..., meine Frau macht immer ... So haben wir das gut unter uns aufgeteilt ...« Welche hilfreichen »Immer« gibt es bei uns? Und wo wäre vielleicht auch mal ein Wechsel im »Immer« hilfreich, um den anderen besser zu verstehen oder einfach um der Abwechslung willen?
- Es könnte ebenso hilfreich wie interessant sein, einmal zu schauen: Welche Bräuche, Gewohnheiten, Gepflogenheiten gibt es denn bei uns? Welche waren »einfach da«? Welche haben sich eingespielt? Welche haben wir bewusst eingeplant? Da könnte man eine Überprüfung vornehmen: Wie geht's uns damit? Was möchten wir gerne beibehalten? Was könnten wir vielleicht ändern?
- Es gibt den launigen Silvesterspruch im Blick auf das neue Jahr: »Weniger Vorsätze, bessere Ausreden!« So dumm ist dieser flapsige Spruch gar nicht, da ja bekanntermaßen der Weg zur Hölle mit guten Vorsätzen gepflastert ist. Aber könnte man nicht auch sagen: Der Weg zum Beziehungshimmel ist mit einem gelegentlichen Vorsatz, den man miteinander umzusetzen versucht, gepflastert?! Warum soll man die Silvester-Rückblicke nur dem Bundespräsidenten, dem Kanzler und dem Pfarrer in der Jahresschlussandacht überlassen? Warum nicht den Brauch einführen, am Jahresende auch miteinander zurückzuschauen und sich zu fragen: Gibt es etwas, das wir

brauchen für unseren weiteren Weg und das wir zu einem Brauch werden lassen könnten?

»Der lange Atem der Leidenschaft« oder 1 Korinther 13

Die konkreten Vorschläge – sie ließen sich hundertfach ergänzen und variieren – lassen sich zugleich zusammenfassen und vertiefen im Blick auf den Kern eines Textes aus der Bibel, der verhältnismäßig oft von Ehepaaren für die Hochzeitsmesse ausgesucht wird. Es ist das erste Kapitel aus dem Brief des Apostels Paulus an die Korinther.

Der Text lädt zur Lektüre mit den Worten ein: »Ich zeige euch jetzt noch einen Weg, der alles übersteigt« (1 Kor 12,31). So einen Weg möchte man ja wohl kennen lernen: den Höhenweg, den Superweg, den Weg über alle Wege, den Weg, der über alle Methoden hinausführt. Es ist der Weg der Liebe.

Zunächst beginnt der Text sehr radikal, so radikal-kritisch, dass ich mich manchmal frage, warum er so gerne ausgewählt wird. Es wird ja zunächst alles in Frage gestellt, was zu den stärksten Ausdrucksformen von Lieben gehört, nach allgemeinem und auch biblischem Verständnis:

»Wenn ich in den Sprachen der Menschen
und Engel redete,
hätte aber die Liebe nicht,
wäre ich dröhnendes Erz oder eine lärmende Pauke.
Und wenn ich prophetisch reden könnte
und alle Geheimnisse wüsste
und alle Erkenntnis hätte;
wenn ich alle Glaubenskraft besäße

und Berge damit versetzen könnte,
hätte aber die Liebe nicht,
wäre ich nichts.
Und wenn ich meine ganze Habe verschenkte,
und wenn ich meinen Leib dem Feuer übergäbe,
hätte aber die Liebe nicht,
nützte es mir nichts« (1 Kor 13,1–3).

Man könnte leicht ungeduldig werden und fragen: Ja, was sind denn dann die Kriterien und Anzeichen von Liebe, wenn all das Genannte nicht einfachhin Ausdruck von Liebe ist? Paulus gibt eine Antwort. Sie nimmt sich vergleichsweise bescheiden und alltäglich aus neben den großartigen Gesten der Hingabe des Lebens und des Eigentums: »Die Liebe ist langmütig, die Liebe ist gütig. Sie ereifert sich nicht, sie prahlt nicht, sie bläht sich nicht auf. Sie handelt nicht ungehörig, sucht nicht ihren Vorteil, lässt sich nicht zum Zorn reizen, trägt das Böse nicht nach. Sie freut sich nicht über das Unrecht, sondern freut sich an der Wahrheit. Sie erträgt alles, glaubt alles, hofft alles, hält allem stand. Die Liebe hört niemals auf« (1 Kor 13,4–8).
Vieles von den Charakterisierungen wahren Liebens ließe sich in dem Wort »Geduld« zusammenfassen. In einer englischen Bibelübersetzung heißt es: »Love never gives up.« – »Liebe gibt niemals auf.« Das ist es. »Darunter bleiben« wäre die wörtliche Übersetzung aus dem Griechischen. Noch dynamischer ausgedrückt: von unten her nach vorne hin dranbleiben. Das ist die Geduld der Liebe. Nicht die Geduld aufgrund fehlender Vitalität und Widerstandskraft, sondern die Geduld der Liebe, die nicht locker lässt, die treu ist und nicht die Hoffnung aufgibt. Von dieser

Geduld sagt der Theologe Eberhard Jüngel einmal: »Die Geduld ist der lange Atem der Leidenschaft.« Diese Geduld verpufft ihre Energie nicht allein in einem nächtlichen Feuerwerk, sondern wärmt zur Winterszeit die Räume und täglich die Kochplatte. Sie probiert immer neu, übt und versucht es noch einmal und immer wieder. Sie wird gebraucht und schafft Bräuche. Ihre Gewohnheiten machen die Welt wohnlicher. Diese Geduld ist das tägliche Brot der Liebe. Gegen Sonntage hat sie nichts. Aber viel für den Alltag.

10. »Die Liebe besteht im Kommunizieren von beiden Seiten« (Ignatius von Loyola)

Das »größte Zeichen seiner Liebe«

Im Vorwort wurde schon ein Kapitel angekündigt, das ausdrücklich auf das Verständnis des Liebens bei Ignatius von Loyola, dem Gründer des Jesuitenordens, aufmerksam macht. Dies erscheint nicht in erster Linie deshalb angebracht, weil Ignatius einmal andeutet, er sei »sehr frei im Umgang mit Frauen« gewesen. Bedeutsam ist die Bezugnahme auf ihn, weil die Liebe die Mitte seiner Spiritualität ist und zugleich die Feier der Eucharistie ein zentrales Geschehen für ihn bedeutete. Die häufigsten Darstellungen zeigen ihn im Messgewand. Er ist ein »eucharistischer Priester«. Ein Zeugnis dafür ist ein Hinweis im Exerzitienbuch zur Betrachtung des Abendmahles: »Er setzte das heiligste Opfer der Eucharistie ein als größtes Zeichen seiner Liebe, indem er sagte: ›Nehmt und esst!‹« (EB 289)
Sein ganzes Leben brachte er in Verbindung mit der Eucharistie. Wenn er eine Entscheidung zu treffen hatte, legte er oft ein Blatt Papier mit verschiedenen Entscheidungsalternativen und den Gründen und Gegengründen auf den Altartisch. Er wollte, dass sein Leben und Entscheiden dem Geheimnis der Liebe Gottes, wie er es besonders während der Eucharistie erfuhr, sozusagen »standhielt«. Und in seinem Zimmer ließ er ein Fenster anbringen, das ihm den Blick auf den Altar der Kirche freigab. Er wollte im Blickkontakt mit dem Geheimnis der Liebe in der Eucharistie leben.

So soll am Ende dieses Buches im Sinn einer »Herz-Ignatius-Betrachtung« der Blick auf seine »Betrachtung, um Liebe zu erlangen« gerichtet werden. Diese bildet nach allgemeiner Ansicht einen, wenn nicht den Höhepunkt des Exerzitienbuches und die Mitte seiner Spiritualität.

Wie die Liebe sich zeigt

Ein gutes Gespräch unter Freunden ließe sich mit der Frage führen: Was wäre denn deine erste Vorbemerkung, wenn du zum Thema Liebe zu sprechen oder einen Vortrag zu schreiben hättest? Die Antwort des Ignatius in seiner Kontemplation lautet: »Die Liebe muss mehr in die Werke als in die Worte gelegt werden« (EB 230). Wie er wohl darauf kam? Weil er von seinem Leben am Hof als »Lebemann« und von seinen Liebesabenteuern wusste, wie oft Schmeicheleien das große Wort »Liebe« missbrauchen? Weil er oft genug den Unterschied zwischen großen Träumereien und deren Realisierung, zwischen vollmundigen Versprechen und gelebter Wirklichkeit erfuhr? Weil er in seinem Studium lernte: »bonum est concretum« – »Das Gute ist konkret«?

Wie dem auch sei: Es kann sehr nützlich sein, zu schauen und sich darüber auszutauschen, welche Frage, welche Äußerungsformen jemand besonders als Liebe erkennt bzw. selbst benutzt. Ist es die Sprache der »Werke« oder eine andere? Der Ehetherapeut Gary Chapman glaubt, in seiner Praxis »die fünf Sprachen der Liebe« entdeckt zu haben. Er nennt als solche: Lob und Anerkennung; Zweisamkeit – die Zeit nur für dich; Geschenke, die von Herzen kommen; Hilfsbereitschaft; Zärtlichkeit. Vermutlich versteht und spricht jeder diese oder andere Sprachen der Liebe. Aber die meisten Menschen haben auch ihre je eigene, bevorzugte Muttersprache der Liebe. Wenn dies nicht klar ist, können zwei Menschen ziemlich aneinander vorbeileben und -reden und -lieben und sich unverstanden fühlen. Es sei, so Chapman, extrem hilfreich, wenn Menschen sich darüber austauschen und die »Mutter-Sprache der Liebe« des anderen verstehen und miteinander sprechen lernen. Ein halbes Jahr lang lässt er die Partner konzentriert ihre Sprache definieren und schrittweise lernen. Nicht wenigen scheint dies zu helfen.

Worin besteht die Liebe?

In seiner zweiten Vorbemerkung umschreibt Ignatius die Liebe. Auch hier die Frage: Gibt es Spannenderes, als sich darüber zu unterhalten, was denn für mich, für mein Gegenüber Liebe ist ...?
»El amor consiste en comunicación de las dos partes«, schreibt Ignatius kurz und bündig (EB 231): »Die Liebe besteht im Mitteilen von beiden Seiten.« Lieben heißt, in Gegenseitigkeit frei zu empfangen und frei zu geben. Jedenfalls, wenn die Liebe von beiden Seiten her fließt und ihr Fluss ungehemmt ist. Natürlich gibt es dies oft genug im menschlichen Leben, dass dieses Fließen gehindert ist. Ignatius hat die Idealgestalt von Lieben vor Augen.
Dieses gegenseitige Sich-Beschenken und Empfangen macht er zunächst ganz konkret deutlich: Man teile sich in der Liebe mit, was man hat und kann. Man könnte es miteinander durch-phantasieren, was man denn an äußeren und inneren Gaben hat und was es denn hieße, sie mitzuteilen.

In einem Wort, das in den letzten Jahrzehnten eine große Karriere gemacht hat, ist von der ignatianischen Sicht von Liebe einiges gesagt. Es ist das Wort »Partnerschaft«, ein Wort, das in der Liebesdefinition von Ignatius vorkommt, wenn er vom Mit-teilen von beiden Seiten, von beiden Partnern her spricht. Im Wort Part-ner steckt das lateinische Wort »partiri« und dies bedeutet – teilen! Partner zu sein heißt nicht nur, dass die beiden auf eigenen Beinen stehen, dass sie sich auf gleicher Augenhöhe begegnen, sondern dass sie fähig sind zu teilen. Erziehung zur Partnerschaftlichkeit bedeutet, jemandem zu helfen, teilen zu lernen, d.h. das Spiel von Empfangen und Geben, von Geben und Empfangen zu spielen.

Dies kann auf der sehr individuell-persönlichen Ebene geschehen, aber auch auf einer politisch-sozialen Stufe. Lothar de Maizière hat einmal im Blick auf das Zusammenkommen von Menschen in West- und Ostdeutschland die soziale und politische Dimension der Partnerschaftlichkeit mit dem Satz bezeichnet: »Teilung wird überwunden nur durch teilen!« Dies ist nicht nur eine gelungene Formulierung für einen Spruchkalender, sondern zugleich eine geistige Perspektive und Handlungsanweisung für konkrete menschliche, mit-menschliche Politik.

Personale Liebe – Der Glanz des »ganz«

Es ist um der wirklichen Liebe willen notwendig, vor allzu vielen Idealvorstellungen und Träumereien und damit auch permanenter gegenseitiger Überforderung zu warnen. Und doch ist Liebe nur Liebe, wenn sie etwas von dem Glanz des »ganz« in sich trägt und ausstrahlt. Vielleicht wird dies am nachhaltigsten von Jesus ausgedrückt, wenn er die Mitte seines Evangeliums, des Evangeliums Gottes mit den Worten ausdrückt: »Du sollst den Herrn, deinen Gott, lieben mit ganzem Herzen und ganzer Seele, mit ganzer Kraft und deinem ganzen Denken, und deinen Nächsten sollst du lieben wie dich selbst« (Lk 10,27). Erstaunlicherweise macht Ignatius diese »Ganzhingabe« zunächst nicht daran deutlich, dass er einen Menschen zeigt, der sich »ganz« hingibt, sondern er weist darauf hin, dass Gott sich ganz verschenkt. Er lässt den betenden Menschen sich an all die Wohltaten erinnern, die sein Leben tragen, und dann bietet er ihm die Deutung an: Werde dir dessen bewusst, wie sehr Gott, der Schöpfer und Geber aller guten Gaben, sich dir »selber nach seiner göttlichen Anordnung zu geben wünscht, so sehr er kann« (EB 234). Gott will sich dem Menschen ganz, ja im gottmöglichen, nicht nur im menschenmöglichen Maß geben.

Erst von dieser geistlichen Perspektive und Erfahrung her spricht Ignatius dann antwortend, dass er sich selber ganz und gar in Gottes Liebe hineingeben will. Und am Schluss spricht er dann noch einmal die Bitte an Gott aus: »Gebt mir eure Liebe und Gnade, denn diese genügt mir.« – »Ésta me basta!«

Was genügt mir? Erlaube ich mir Träume von »Ganzsein« im Sinne des biblischen Wortes: »Wandle vor mir und sei ganz«? Oder schreibe ich dies von vornherein ab? Begrabe ich meine Sehnsucht oder lasse ich gelten: »Wenn Gott nicht existiert – warum sehne ich mich so nach ihm?« (Andreas Knapp). Oder auch: »Unruhig ist mein Herz nach dir, Gott, bis es ruht in dir« (Augustinus)? Und kann ich es gelten lassen, dass der Mensch »ganz im Fragment« sein könne bzw. »ganz durch Ergänzung«?

Raum einräumen – beiwohnen

»Meister, wo wohnst du? – Kommt und seht! Da gingen sie mit ihm und sahen, wo er wohnte, und blieben jenen Tag bei ihm.« So heißt es von zwei Jüngern des Johannes, die dabei waren Jesus kennen zu lernen. Die Bemerkung: »Es war um die zehnte Stunde« will wohl aussagen, dass für sie jener Augenblick der Einladung unvergesslich war. Diese Begegnung stand am Anfang. Welche Tiefe damit gemeint ist, wird sich später im Evangelium zeigen. Vor allem in den so genannten Abschiedsreden Jesu: »Wenn ich gegangen bin und einen Platz für euch vorbereitet habe, komme ich wieder und werde euch zu mir holen, damit auch ihr dort seid, wo ich bin« (Joh 14,3). Und umgekehrt heißt es: »Wenn jemand mich liebt, wird er an meinem Wort festhalten; mein Vater wird ihn lieben, und wir werden zu ihm kommen und bei ihm wohnen« (Joh 14,23). Dieses Innewohnen wird am dichtesten in den Worten ausgedrückt: »Alle sollen eins sein: Wie du, Vater, in mir bist und ich in dir bin, sollen auch sie in uns sein ...« (Joh 17,21).

Lieben heißt, einander Lebensraum bieten; heißt, jemanden bei sich, ja in sich wohnen lassen; »Beiwohnung« – ein Wort, das früher öfters für körperliche Intimität gebraucht wurde.

Ignatius benutzt in seinem zweiten Punkt der »Betrachtung, um Liebe zu erlangen« das Wort vom Wohnen: »Schauen, wie Gott in den Geschöpfen wohnt:

- in den Elementen, indem er Sein gibt;
- in den Pflanzen, indem er belebt;
- in den Tieren, indem er wahrnehmen macht;
- in den Menschen, indem er Verstehen gibt, und so in mir;

- indem er mir Sein gibt;
- indem er beseelt;
- indem er wahrnehmen macht;
- und indem er mich verstehen macht
- ebenso: indem er einen Tempel aus mir macht, da ich nach dem Gleichnis und Bild seiner göttlichen Majestät geschaffen bin (EB 235).

Diese universale, kosmische, mystische Sicht der Liebe Gottes kann auch für menschliches Lieben gelten: einander Raum und Bleiben gewähren und sich Beseelung, Belebung schenken.

Arbeit und Liebe

Der große Psychologe Sigmund Freud bemerkt einmal, dass das Ziel einer geglückten Psychotherapie sei, dass ein Mensch fähig werde zu Arbeit, zu Kontaktfähigkeit und zu Liebe. Ignatius beschreibt im dritten Schritt seiner »Betrachtung, um Liebe zu erlangen« die Arbeit selber als ein Medium des Liebens. Er sagt im Blick auf Gott selber, dass dieser in seiner schöpferischen Liebe sich verhalte wie einer, »der schwere Arbeit verrichte« (EB 236). Sicher kann Arbeit, können Arbeitsbedingungen wie etwa ausbeuterische Weisen der Kinderarbeit Ausdruck von Unmenschlichkeit sein. Aber gibt es nicht doch auch und sogar in einem ganz wesentlichen Sinn eine Sicht von Arbeit als eines schöpferischen Tuns? Arbeit also als eine Weise der Selbstverwirklichung, als eine Form von Synergie, Vernetzung, Kooperation, die von ihrem Ursprung her davon bestimmt ist, die Welt wohnlicher zu machen.

Strömende Liebe

In seinem letzten Schritt lässt Ignatius Liebe in »esoterischen Bildern« schauen: Man solle sich vorstellen, wie die Gaben der Liebe – Ehrfurcht, Gerechtigkeit, Gebetsgeist, Frömmigkeit, Freiheit usw. – einen durchwärmen wie die Strahlen der Sonne und durchströmen wie fließendes Wasser. Liebe ist Arbeit, manchmal wie Kampf, ja gelegentlich wie ein »Krieg der Liebe«. Und gleichzeitig ist Liebe grundlegend Gnade, Beschenktsein, Geschehen-lassen. »Wie soll dies geschehen?«, ist die Frage Marias auf die Zusage hin, dass Gottes Liebe in ihr wohnen und Mensch sein und werden will: »Der Heilige Geist wird über dich kommen und die Kraft des Höchsten wird dich überschatten« (Lk 1,35).

Yvan Goll drückt in einem kleinen Text die Zartheit liebender Berührung aus, die Berührung überschattender Kraft[5]:

Ich will nichts weiter sein
Als die Zeder vor deinem Haus
Als ein Ast dieser Zeder
Als ein Zweig dieses Astes
Als ein Blatt dieses Zweiges
Als ein Schatten dieses Blattes
Als ein Wehen dieses Schattens
Der eine Sekunde
Die Schläfe dir kühlt.

Eucharistische Welt-Liebe

Jesuiten haben durch die Jahrhunderte hindurch auf verschiedene Weise versucht, im Geiste ihres Ordensgründers ihr eigenes Leben zu leben. Sie haben auch auf verschiedene Weise dafür Zeugnis gegeben, wie das Geheimnis der Liebe mit dem Sakrament der Liebe, der Eucharistie, zusammenspielt. Die folgenden intensiven, »steilen« spirituellen Zeugnisse stammen von Menschen, die zugleich aus dem Herzen des Glaubens und ganz in der Welt von heute lebten.

Teilhard de Chardin: Die kosmische Hostie

Zu den großen Welt-liebenden Christen des letzten Jahrhunderts zählt zweifellos der französische Jesuit und Paläontologe Teilhard de Chardin. In den Weiten Chinas feiert er die »Messe über die Welt«, die ihm zu einer einzigen großen Hostie wird. Eucharistie in der Gestalt des Ritus, des Sakraments und Eucharistie als Vollzug des Geschehens von Welt-Geschichte und Wirklichkeit fließen ineinander über.

»Herr, da ich wieder einmal, nicht mehr in den Wäldern der Aisne, sondern in den Steppen Asiens, weder Brot noch Wein, noch Altar habe, will ich mich über die Symbole bis zur reinen Majestät des Wirklichen erheben und Dir, als Dein Priester, auf dem Altar der ganzen Erde die Arbeit und die Mühsal der Welt darbringen.

Die Sonne erhellt gerade dort hinten den äußersten Zipfel des ersten Aufgangs. Wieder einmal erwacht in dem sich bewegenden Feld ihrer Lichter die lebende Oberfläche der Erde, sie erzittert und beginnt ihre erschreckende Mühe. Ich lege auf meine Patene, mein Gott, die erwartete Ernte dieses neuen Bemühens. Ich gieße in meinen Kelch den Saft all der Früchte, die heute zermalmt werden.

Mein Kelch und meine Patene sind die Tiefen einer Seele, die allen Kräften weit geöffnet ist, die in einem Augenblick sich von allen Punkten des Erdballs erheben und zum Geist konvergieren werden. – Kommt also zu mir, Erinnerung und mystische Gegenwart derer, die das Licht zu einem neuen Tage erweckt! ... Empfange, Herr, diese totale Hostie, die die von Deiner Anziehung bewegte Schöpfung Dir im neuen Sonnenaufgang darbietet. Dieses Brot, unser Mühen, ist aus sich selbst, ich weiß es, nur ein unermesslicher Zerfall. Dieser Wein, unser Schmerz, ist erst, leider, nur ein auflösender Trank. Doch in die Tiefe dieser unförmigen Masse hast Du – dessen bin ich sicher, weil ich es fühle – ein unwiderstehliches und heiligendes Verlangen gelegt, das uns alle, vom Ungläubigen bis zum Gläubigen, schreien lässt: ›Herr, mache uns eins!‹« *(Lobgesang des Alls)*

Pedro Arrupe: Eucharistie im atomaren Feuer

Pater Pedro Arrupe, ehemaliger Generalobere der Jesuiten, erzählt einmal Jugendlichen von einer Eucharistie unter ganz anderen, ungewöhnlichen und ungeheuerlichen Umständen als während des Aufgangs der Sonne. Er hatte den Abwurf der Atombombe am 6. August 1945 um 8.10 Uhr miterlebt und überlebt. 80 000 Menschen waren getötet worden. Das Haus, in dem er wohnte, war zwar stark beschädigt, aber als eines der wenigen Häuser stehen geblieben und zum Spital umfunktioniert worden. Am Morgen danach feierten sie um 5 Uhr die Messe. Die Kapelle war halb zerstört und voll von Verwundeten. Es war für ihn unvergesslich, als er sich zu den Leuten hin umdrehte und ihnen mit der Hostie den liturgischen Gruß zusprach: »Dominus vobiscum – Der Herr sei mit euch«: »Ich war unfähig, mich zu bewegen, und blieb dort mit ausgestreckten Armen wie gelähmt stehen, als ich diese menschliche Tragödie sah: menschliche Erkenntnis und technischer Fortschritt für die Zerstörung der Menschheit! Alle schauten mit angsterfüllten Augen auf mich, voller Verzweiflung und doch so, wie wenn ihnen von diesem Altar aus Trost zukommen würde ... Ich bin sicher, Ströme von Gnaden flossen von dieser Hostie und von diesem Altare aus ... solche Messfeiern sind Augenblicke, in denen ein göttliches Licht uns verstehen lässt, was ohne Glauben so schwer oder überhaupt nicht verstanden werden kann: der Wert des Leidens, die Schönheit und Größe der Opfer der Nächstenliebe.« *(Unser Zeugnis muss glaubwürdig sein)*

Paul Claudel: Die Messe mit dem Brot des Lebens

Einen poetischen Ausdruck für die Eucharistie als das Geschehen des Lebens selber findet sich in dem Stück »Der seidene Schuh« von Paul Claudel. In der Eingangsszene wird ein Jesuitenpater gezeigt, der an den Mast eines Schiffes gebunden ist, das von Piraten überfallen wurde und am Versinken ist. Er betet: »Herr, ich danke dir, dass du mich also gefesselt hast. Zuweilen geschah es mir, dass ich deine Gebote mühsam fand und meinen Willen angesichts deiner Satzung unschlüssig, verzögernd. Doch heute kann ich nicht enger an dich gebunden sein, als ich es bin, und prüfte ich auch der Reihe nach meine Glieder, kein einziges kann sich auch nur ein wenig von dir entfernen. – So bin ich wirklich ans Kreuz geheftet, das Kreuz aber, an dem ich hänge, haftet an nichts mehr. Es treibt auf dem Meere ... Ich habe mich Gott gegeben, und nun ist der Tag der Rast und Entspannung gekommen, und ich darf mich meinen Banden überlassen. Und nunmehr kommt das Schlussgebet dieser Messe, das ich, schon dem Tode vermengt, mit dem Brot meines eigenen Daseins feiere ...«

Anmerkungen

[1] Aus: Erich Fried, Es ist was es ist © 1983, NA 1996 Verlag Klaus Wagenbach Berlin.
[2] Aus: Martin Gutl, Ich falle in deine Hände © Bildungshaus Mariatrost, Karl Mittlinger.
[3] Aus: Rose Ausländer, Im Aschenregen die Spur deines Namens. Gedichte und Prosa 1976 © S. Fischer Verlag GmbH Frankfurt am Main 1984.
[4] Aus: Lothar Zenetti, Auf Seiner Spur. Texte gläubiger Zuversicht (Topos Plus 327) © Matthias-Grünewald-Verlag Mainz [3]2002.
[5] Aus: Yvan Goll, Malaiische Liebeslieder © 1967, 2001 Langewiesche-Brandt, Ebenhausen bei München.

Die Bibeltexte sind entnommen der Einheitsübersetzung der Heiligen Schrift © 1980 Katholische Bibelanstalt Stuttgart.

In der Reihe **Ignatianische Impulse** sind bisher erschienen:

Band 1: Willi Lambert
Das siebenfache Ja
Exerzitien – ein Weg zum Leben

Band 2: Stefan Kiechle
Sich entscheiden

Band 3: Piet van Breemen
Alt werden als geistlicher Weg

Band 4: Heiner Geißler
Glaube und Gerechtigkeit

Band 5: Cordula und Ottmar Leidner
Weil ich mit dir wachsen möchte
Herausforderung Ehe

Band 6: Klaus Mertes
Verantwortung lernen
Schule im Geist der Exerzitien

Band 7: Karl Frielingsdorf
Gottesbilder
Wie sie krank machen – wie sie heilen

Band 8: Christian Troll
Als Christ dem Islam begegnen

Band 9: Bernd Hagenkord
jugend@gott

Band 10: Claudia Bausewein
Sterbende begleiten

Band 11: Willi Lambert
Wovon die Liebe lebt
Eucharistie und Lebenskultur